日本語の正体

町田健 著

研究社

まえがき

世界の諸言語の中でも、日本語は「普通の」言葉だ、ということを解説するのが本書の目的です。私たち日本人にとって、日本語が「特別の」言語であるのは言うまでもありません。日本の社会で行われる伝達行動の大部分は、日本語を使うことで実現されます。「今日は暑いな」や「あの人は何をしているんだろう」のような、私たちが頭の中で作り出す思考も、同じように日本語を使って行われるのが普通です。伝達や思考というのは、複雑な知的行為なのですから、そのための道具としての日本語も、確かに複雑なしくみを備えています。そしてまた、日本語が使われているのは、ほとんど日本という東アジアの辺境に位置する地域に限られています。

それだけに、私たち日本語使用者は、自分たちの言語について、他の言語を使う人々には習得するのが特別に難しい言語だと考える傾向にあるようです。もちろん、どんな言語であっても、いろいろな面で難しいところはあって、完璧に習得するのは難しいのが普通です。日本語も、漢字と仮名(ひらがなとカタカナ)を使い分けて表記したり、尊敬語や謙譲語などの敬語があるなど、難しい側面もあるにはあります。これが英語だと、使う文字はローマ字(アルファベット)だけですし、相手に応じて敬語を使い分けなければならないということもありません。

こういう点では、英語の方が日本語よりも簡単なようにも思えます。けれども、漢字を覚えるのと同じような苦労をして、英単語の綴りを覚えなければ、正しく英文を書くことはできないわけですし、相手に対する敬意を表すために、適切に使わなければならない表現であれば、英語だけでなく他の言語にもたくさんありますし、そういう表現をきちんと使えるようになるためには、それなりの努力をしなければなりません。

だとすると、表記や敬語使用の面で、日本語が特別に難しいということでもないと考えてよさそうです。そして、それ以外の面では、日本語は非常に分かりやすい規則性を示す言語だと言えます。発音は、世界の言語の中でも相当に簡単な方ですし、主語や目的語の表し方も、基本的にはいつも同じ「が」と「を」を使えばいいのですから、非常に明らかな規則性を示しています。後に続く単語によって、動詞や形容詞が語形を変える「活用」のしくみも、性質は違いますが同じように動詞が活用する英語に比べると、はるかに規則的です。実際英語には、「不規則動詞」と呼ばれるかなりの数に上る動詞があって、名前の通り活用の仕方に規則性がありません。よく使われる動詞は、ほとんどが不規則動詞と言っていいくらいです。ところが日本語には、不規則動詞に分類される動詞は「来る」と「する」の二つしかないのです。

語順の面についても、日本語が示す語順の規則は、話し手が頭の中で表現を作り、聞き手がそれを聞いて理解するという過程において、できるだけ効率的な処理が行われるようになっています。どうして効率的だと言えるのかについては、本書の第四章で詳しく説明していますが、日本語の語順の規則は、英語などに比べても相当に簡潔であることは確かです。

このように日本語は、全体として高い規則性を示す言語なのであり、規則性が高ければ、習得するのもそれに応じて簡単になります。そして同時に、日本語がもつ規則性は、世界で使われている他の多くの言語と共通のものでもあります。だからこそ、最初にも述べたように、日本語はまことに普通の言語なのです。

もちろんだからと言って、日本語の言語としての地位が低いなどということにはなりません。普通であることは、言い換えれば人間の言語の代表としての資格があるということなのです。日本で生み出される文化が世界中で高い評価を得ていることは、周知の事実です。ですから、この誇るべき日本文化を背景とし、言語を代表する資格をもつ私たちの日本語も、私たち日本語使用者は、誇りをもって世界へと発信することが十分にできるのです。

本書をお読みになった後で皆さんが、日本語がアジアの辺境で使われているだけの、特殊な言語などでは全くなく、全世界に対して胸を張って自分の意志を表出することのできる、優れた表現手段であることをご理解くださるものと、著者として心より期待しております。

二〇〇八年初秋

町田　健

目次

第一章

chapter 1

言語の本質

言語の本質を明らかにする理由

人間は言語を使う動物です。そして、人間以外に言語を使う動物はいません。ですから、言語こそが人間の本質を形成するものだと言うことができます。

日本語も言語の仲間ですから、日本語の本質を明らかにするためには、まず人間の言語そのものの本質を解明しておかなければなりません。そうでなければ、例えばほ乳類とはどんな動物なのかの定義ができていないのに、海にすむクジラの、ほ乳類としての特徴を指摘しようとするのと同じことになってしまいます。ほ乳類がどんな特徴をもつ動物なのかがきちんと分かっていなければ、クジラは肺呼吸をするからほ乳類なのだと言うこともできるでしょうし、人間もイヌも泳げるのだから、魚と同じように海中を広く泳ぎ回るのも、クジラのほ乳類としての大切な特徴だと考えることもできることになってしまいます。

同じように、言語とはどんなものなのかがきちんと定義できていなければ、もちろん、日本語が言語の一種だということには問題はないにしても、これこそが他の言語にはない日本語の特徴だと自信をもって主張することはできなくなります。例えば、発音するのが簡単というのが日本語の特徴だと考えたとしても、母音と子音がいくつかあれば、言語としては何の問題もありません。実際、日本語と同じくらい発音の簡単な言語はいくらでもあります。ですから、日本語の発音が比較的簡単な部類に入ることは確かだとしても、それだけで日本語の代表的な特徴だとするわけにはいかないのです。

言語とコミュニケーション

さて、それでは人間の言語とは一体どんな性質をもっていると考えればよいのでしょうか。まず誰でも思いつくのは、言語は「コミュニケーション」の道具だということです。「コミュニケーション」と言われると、何となく分かるような気もするのですが、それではコミュニケーションとは何なのでしょうか。

一般に、コミュニケーションは、意思、感情、思考を伝達することだと定義されます。コミュニケーションの道具としては、言語が最も一般的ですが、言語以外にも道路標識や絵画のような図像もありますし、身振りや舞踊など、三次元的な運動もあります。言語は音や文字が直線的に、つまり一次元的に並んだものです。図像は平面上に図形が配置されているものですから、二次元的な性質をもっています。そして、身体の動きは三次元ですから、コミュニケーションの媒体は一次元から三次元まで、すべての次元にまたがるものだと言うことができます。

媒体の性質もこのように多様なのですが、それでは、これらの媒体によって伝達される意思、感情、思考とはどんなものなのでしょうか。まず意思ですが、これは普通なら「私はメロンが食べたい」とか「すぐに出発しなさい」のような形で言語（コトバ）によって伝達されるものです。

言語以外でも、手の平を下に向けて手首を下に何度か曲げる動作をすれば、日本人の間では「私の方に来い」という自分の意思を相手に伝えることができます。

ただ、身体を使った動作の場合でも、それがどんな意思を表しているのかを誰にでも分かるように伝えたければ、結局は「私の方に来い」のような形で、言語(今の場合は日本語)を使わなければなりません。あるいはもしかしたら、誰かが同じような動作をしているところを描いた絵や漫画のような平面上の図形を見ても、大体は同じ意思が表されているものと理解することができるかもしれません。ただ、もちろんその場合でも、その図形がどんな意思を表しているのかを誰かに伝えたければ、やはり言語を使うしかありません。

このように、コミュニケーションによって伝えられる「意思」がどんなものなのかを、他の誰かに説明しようと思えば、言語を使う以外の方法はないのです。これは、感情についても同じです。人間の感情は、内面に籠もって表に出ない場合と、表情や身振りなどの目に見える形で表に現れる場合があります。表面に現れない場合には、それがどんな感情なのかを伝えるには、「私はうれしい」とか「彼女は寂しがっているようだ」のように言語を使って表現しなければ、そもそも感情をもっていることすら分かりません。

感情が表面に現れている場合でも、先ほどの身振りによる意思表示の場合と同じように、それが一体どんな感情なのかを説明しようと思えば、「私は怒っている」や「あの人は喜んでいる」

のようにして、言語を使う以外には方法がありません。

思考については、これはまさに言語によって表現されるものです。思考は頭の中にしか存在しませんから、内面に籠もった感情と同じで、誰か他の人間に伝達しようとするならば、言語を使って表現するのが唯一の方法です。

こう考えると、コミュニケーションの媒体はさまざまあっても、何が伝達されているのかを本当の意味で一般的に表すことができるのは、言語以外にはないのだと言うことができます。つまり、言語こそが唯一本格的なコミュニケーションの媒体なのです。ですから、コミュニケーションの本質を明らかにするための基礎となるのは、言語によって表現されるものが何なのかを客観的に示すことだと言えそうです。

言語が伝達するもの

それでは、コミュニケーションの王者としての言語が伝達するものとは何なのでしょうか。考えてみると、意思であれ感情であれ、それが言語によって表現されるためには、前もって頭の中で正体が明らかにされる必要があります。また、思考はそもそも、頭の中で言語によって形作られたものです。ということは、意思と感情も、誰か他の人に伝達されるような形に整理される場合には、結局のところは思考と同じだと考えることができます。

言語によって表現されるものが思考なのだとすると、思考の内容を明らかにすることができれば、それで言語が伝達するものを示すことができたことになります。

そして、思考を表現するものが言語なのだとすると、人間の頭の中で思考がどのように形作られているのかは分からないのですから、結局のところは、人間が知ることのできる範囲に限定すれば、思考と言語は同じものだということになるはずです。ですから、思考を知るためには言語を知らなければならないし、言語を知るためには思考を知らなければなりません。つまり、「言語は思考を表す」と言ったところで、それは、「言語は言語だ」あるいは「思考は思考だ」と主張しているのと同じことで、何も説明したことにはなりません。

これでようやく、コミュニケーションの本質と言語の本質が同じだということが分かりました。コミュニケーションのしくみを明らかにしたければ、まずは言語のしくみを解明しなければならないということです。

それでは、言語が表すものとは一体何なのでしょうか。普通は、言語が表すものは「意味」と呼ばれます。もちろん、言語が意味を表すと言っても、それは言語が思考を表すと言うのと同じで、言語が表すものの正体が明らかになるということは全くありません。

意味を伝達するためには

言語が表す意味とは何かを知るためには、言語が実際に使われる場面を観察してみる必要があります。例えば、テレビのバラエティー番組を、音を消して見てみましょう。出演しているタレントが何人かいて、一人のタレントAが口をぱくぱくさせていると、それは言語を使っているということです。このタレントが何を言っているのかは、音を消しているのだから分からないのですが、この言語に対して、別のタレントBが同じように口をぱくぱくさせることもあれば、立ち上がったり、あるいは手を振り上げたりすることもあります。どんな場合でも、タレントAの言語に対して、タレントBは何らかの形で反応しています。

タレントAが言ったことに対してタレントBが反応しているのだとすれば、タレントAの発した言語の意味をタレントBは理解していることになります。もしタレントBが意味を理解していなければ、タレントBは何の反応もしないのが普通ですし、何か反応に見えるような行動をとったとしても、それはタレントAの言語とは無関係で、ある程度時間が経過してからになるはずです。

実際、自分が知らない言語で話しかけられたときには、意味が分からないのですから何も反応しないことが多いでしょう。ただ、その人が何か言いたいことは分かりますから、「ええっ？何ですか」と言いながら、相手の方を振り向くという反応をすることも考えられます。ということは、言語の意味が理解できていないのに、反応しているということです。けれども、意味が分からないときの反応は、大抵はいつも同じようなものです。

一方で、言語の意味が理解できているときの反応は、言語を使って伝達される意味は毎回違うのですから、それに応じて反応も違ってきます。つまり、言語の意味が分かってとる反応には多様性があるということです。ですから、十分な数だけの反応を観察することで、伝達しようとする意味を相手が理解できているかどうかを判定することができます。

それでは、私たちが日本語を聞いて何らかの反応をする場合を考えてみましょう。誰かに「あなたの頭に羽がついていますよ」と言えば、その人は頭に手をやるでしょう。また、別の人に「ハンカチを落としましたよ」と言えば、振り向いて道路の上を見るはずです。

これだけだと、異なった言い方に対して異なった反応がとられるというだけで、特別の意味はないように思えるかもしれません。けれども、「あなたの頭に羽がついていますよ」や「ハンカチを落としましたよ」という言い方ではなくて、「羽」や「ハンカチ」のような、一つの「単語」だけを言ったとしましょう。特別の場面でなければ、こういう単語を一つ言われただけでは、一体何のことなのかすぐには理解できないのが普通です。

例えば、商店街を歩いていて見知らぬ人に「羽！」と言われたとします。「羽」は日本語の単語ですから、日本語を知っている人間ならば、その人が何かを伝達しようとしているのだろうなということは理解できます。けれども、これだけでは相手が伝達したいことが何なのかは全く分かりません。「羽が空中を舞っている」かもしれませんし「私は羽の布団がほしい」かもしれませんし、あるいは「私は羽の中に飛び込みたい」なのかもしれません。とにかく、「あなたの頭に羽がついていています」という内容は、伝達される可能性のあるものの一つではあるにしても、見知らぬ人からいきなり話しかけられて、すぐに特定できるような内容ではないことは確かです。

「ハンカチ」という一つの単語の場合も同じです。例えば、テレビのクイズ番組かなんかが始まった途端に、司会者が「ハンカチ」と言った状況を考えてみてください。これだけだと、「私はハンカチを忘れた」「ハンカチを出してください」「目の前にハンカチが落ちている」など、ハンカチを含むあらゆる内容が予想できます。そして、テレビ番組で司会者が発言している場面だとすると、「(あなたは)ハンカチを落としました」という内容が伝達されることは、通常であればまず考えられません。

ここまでで明らかになるのは、「羽」や「ハンカチ」のような単語一つを使うだけでは、言語が本来目的としているはずの「伝達」が不完全にしか行われないということです。伝達が完全に行われるということは、言語を使って伝達しようとする人(「発信者」)が伝えたかった意味と、それを受け取る人(「受信者」)が理解する意味が全く同じだということです。ところが、単語一つを使うだけでは、その単語に関係するさまざまな意味が予測されるだけで、どれか一つの特定の意味が表されたものと限定することは決してできません。ですから、単語一つだけの伝達ではどうやっても不完全にしかならないということになります。

伝達の単位としての文

それでは、完全な伝達が行われるための条件とは何でしょうか。それは、「あなたの頭に羽がついていますよ」とか「ハンカチを落としましたよ」のような言い方をすることです。このような言い方は、普通「文」と言われるものです。文を使えば、それを受け取った受信者は、伝達された内容を理解した上で、その内容に応じて十分に予想される特定の反応をします。つまり、発信者が意図した意味と、受信者が理解した意味が同じだということなのですから、伝達が完全に行われたということになります。

言語が本来の目的を果たすためには、完全な伝達が行われなければならず、そしてそのために使われなければならないのが文という単位です。ですから、文が何を表すのかをはっきりさせれば、言語が伝達する意味の正体を明らかにすることができます。

その前に、実際に使われる言語表現の中で、文がどのようにして分かるのかということを考えておきましょう。言語が使われるときには、話し言葉であれば音が次々に発音されますし、書き言葉であれば、文字が一列に並びます。音であれ文字であれ、とにかく一列に並んでいるだけで、特に音の場合には、ここからここまでが一つの文だよというはっきりした印があるわけではありません。一方、文字を使う場合には、少なくとも現代の書き言葉であれば、文の終わりには句点(。)やピリオド(.)が置かれるのが普通です。

ただ、こういう文の終わりを示す記号が使われ出したのは近代のことで、それ以前であれば、特に切れ目なくずらずらと文字が並んで書かれているものでした。ですから、句点やピリオドが使われない時代には、話し言葉で音が一列に並ぶのと同じで、誰にとっても明らかな文の切れ目を示す標識などはなかったということになります。

本当の意味で客観的な方法によって文を認定しようとするならば、切れ目のない音の列や文字の列だけをもとにして、誰にとっても文だと判定できる部分を特徴づける指標を探し出すことが必要になります。それができれば学問的には一番望ましいのですが、何も手がかりがないところから文を切り出す指標を見つけるのは相当に難しそうなので、とりあえずは、文の切れ目を表す記号が使われる現代の書き言葉を参照して、文が何を伝達するのかを考えてみましょう。

文は何を伝達するのか

「羽」と「ハンカチ」を使った文の例はもうあげましたが、説明のために、もう少し簡単な文をあげることにしましょう。次の例を見てください。

(1)　太郎が花子を見た。
(2)　花子は教師だ。
(3)　ネコが鳴いている。

(1)から(3)までの、漢字と仮名で書かれた日本語の表現を、文だと判定することには問題がないだろうと思います。それでは、これらの文が伝えるものとは何なのでしょうか。

まず(1)を見てみましょう。この文を作っている単語は、次のようなものです。

(4)　太郎、が、花子、を、見(る)、た

「見」は、国語辞典の項目になっている語形では「見る」ですが、後ろに「た」が続いているため、「る」がとれて「見」だけになっています。このように、後に続く単語によって語形が変化することを日本語の「活用」と言うのですが、これについてはまた後で詳しく解説します。

さて、この文の中には「太郎」と「花子」という二人の人間が含まれています。そして、太郎と花子の間には、ある関係が成立しています。その関係とは、太郎が花子を「見る」という関係です。二人の人間の間にあるこの関係を図で表すと、次のようになります。

(5)

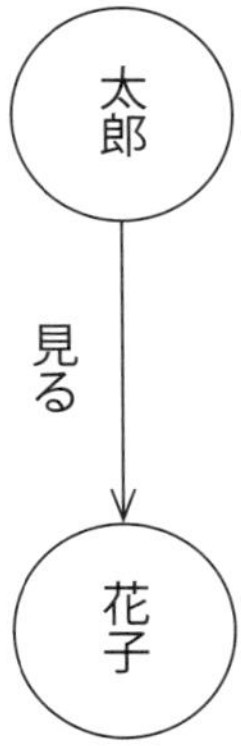

この図をもとにして考えると、文が伝達するのは、二つのモノの間にある関係なのではないかと推測されます。文が伝達する内容を「意味」と呼ぶのでしたから、文の意味とは、とりあえずは二つのモノの間にある関係だと定義することができます。

二つのモノの間に、ある関係が成立していることを、次のように表すことにします。

(6) 関係［モノ1、モノ2］

この表し方を使えば、(1)が表す意味は次のように表されます。

(7) 見る［太郎、花子］

このように、二つのモノの間にある関係として捉えられる文の意味を、「事態」と呼ぶことにしましょう。「事態」は「事柄」と大体同じ意味で、もっと簡単な言い方をすれば「コト」ですが、少しは高尚な雰囲気を出すために、「事態」という用語を採用しておくことにします。

事態の基本的なしくみは、⑹で示したようなものなのですが、もちろん、これだけでは不十分です。⑸を見ると、太郎の方から花子の方に矢印が向かっています。これは、「見る」という関係については、そこに含まれる二つのモノが対等ではなく、見る側と見られる側があることによります。簡単に言えば、太郎が「主語」で、花子が「目的語」だということなのですが、そういう事態の中での役割の違いが、⑺では全く表されていません。主語とか目的語という、簡単なようで実は奥の深い用語の意味については、また後で詳しく説明します。

それからまた、この文の最後は「見た」という形になっていますから、太郎と花子の間にある「見る」という関係は、過去において成立したことになります。このような、事態がいつ成立したかということについての情報も、⑺の中には含まれていません。

事態がいつ成立したかということも事態についての必須の情報なのですから、事態の内容を正確に表そうとすれば、当然含まれていなければならない要素です。これら、主語、目的語、成立時などの要素については、まとめて後で解説することにします。

文が表す「関係」

「見る」が表す関係には、必ず二つのモノが含まれていなければなりませんから、モノが二つある以上、その間に何らかの関係があるのは、考えてみれば当たり前のことです。けれどもこの性質が、すべての文が表す事態に当てはまるのかどうか、まだ分かりません。例としてあげた他の文も見てみることにしましょう。

例⑵は「花子は教師だ」という文ですが、これは、「花子」というモノ(人間も「モノ」の一種です)の性質(属性)を表すだけのように思えます。同じように、「花子は賢い」のような文も、花子というモノが「賢い」という性質をもっているということを表すように見えます。だとすると、これらの文が表す事態には「花子」という一つのモノしか含まれていなくて、そのモノと別のモノとの間にある関係が表されているのではないような気もします。

確かに一見するとそうなのですが、実はここにも関係を認めることができるのです。まず、「花子は教師だ」について見てみましょう。「教師」という単語は、一人だけの教師を指し示すこともありますが、例えば「教師も人間だ」のような文であれば、すべての教師を指します。「すべての教師」というのは要するに「教師の集合」のことです。「教師」という単語が教師の集合を指すことができるのならば、「花子は教師だ」という文は、花子というモノが教師の集合に含まれていることを表しているのだと考えることができます。あるモノが何らかの集合に含まれているということは、まさに「包含関係」という関係に他なりません。というわけで、「花子は教師だ」という、一見すると「関係」には関係なさそうな文も、モノと集合との間にある関係を表しているのです。図で示すと、次のようになります。

(8)

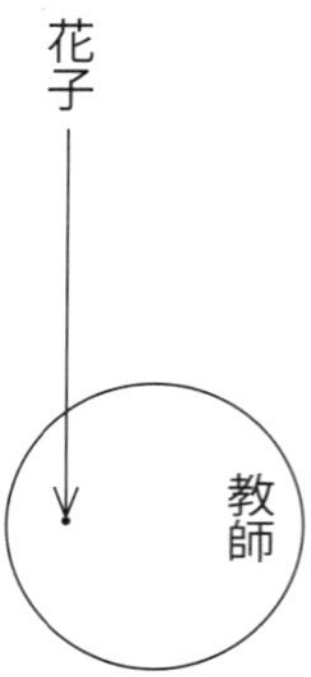

「集合」を、広い意味でのモノだと考えるとすると、「花子は教師だ」のような文も、モノとモノとの間の関係を表していることになります。あるモノと集合との間に存在する、図(8)で表されるような包含関係は、通常は次のような方式で表されます。

(9)　花子∈教師

ただ、このような表し方だと先ほどの(6)のような方式との統一がとりにくいので、本書では、次のような方式で表すことにします。

⑽　教師［花子］

同じ包含関係は、次のような文が表す事態についても成立しています。

⑾　雪は白い。

この文では、「雪」で表されるモノが「白いモノ」の集合に包含されるという関係が表されています。ただ注意しなければならないのは、この文で使われている「雪」は、どこかの場所にある特定の雪ではなくて、雪というモノ一般を表しているということです。別の言い方をすれば、ここの「雪」は、雪という名前で呼ばれるモノ全体の集合を表しているということです。つまり、次の図で表されるように、⑼で表されている関係は、ある集合が別の大きい集合に包含されるという関係だということになります。

(12)

一つのモノについても、要素が一つだけの集合だと考えることができますから、そうすると、文が表す事態は、一般的には二つの集合の間にある関係を表すものだと言えます。

このような集合間の関係は、通常は(13)のように表されるのですが、本書では(14)のように表すことにします。

(13) 雪⊂白い

(14) 白い［雪］

事態が集合の間にある関係を表すものなのだということを確認するために、最後に例(3)を見てみることにしましょう。

念のために、もう一度あげておきます。

(3)　ネコが鳴いている。

この文が表している関係は、現在「鳴く」という動作を行っているモノの集合の中に、ある一匹のネコが含まれているというものです。「鳴く」という動詞が表す動作が実際に起こるのはある特定の時に限定されますが、それを行うのはどんなモノでもよいのですから、その動作を現在という時点で行っているモノの集合を考えることはできるわけです。こういう集合は、「教師の集合」や「白いモノの集合」とは、時間的な限定があるという点で性質が異なります。教師の集合や白いモノの集合ならば、ある特定の時だけそういう集合ができるなどということはありませんが、「鳴く」や「飛ぶ」のような動詞が表す動作については、ある特定の時にその動作を行っているモノを考えることができて、そういうモノの集合を作り上げることもできるわけです。

こう考えると、(3)が表す事態は、次のような図で表すことができます。

(15)

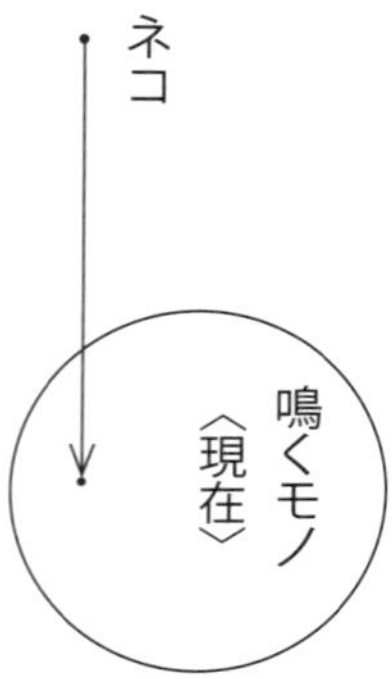

また、この文が表す事態は、次のように表されます。

(16) 鳴く〈現在〉[ネコ]

〈現在〉というのは、この事態が起きている時が現在だということを表しています。

事態の性質
意味役割

文が表す事態が、モノ(の集合)とモノ(の集合)との間の関係だということは、今までの説明からお分かりになったことと思います(いちいち「モノの集合」という用語を使うのもわずらわしいので、以下では、単に「モノ」と言えば、「モノの集合」を指すものとすることにしておきます)。ただ、そうした関係が事態の中核部分であることは確かですが、事態の性質を正確に表すためには、その内部構造をもう少し詳しく見てみる必要があります。

先に見た「太郎が花子を見た」という文が表す事態は、今までの方式で表すと、次のようになります。

⒄ 見る〈過去〉[太郎、花子]

この方式の問題点は、「太郎」と「花子」の間に「見る」という関係が成立していることは分かっても、太郎の方が花子を見るのか、それとも花子の方が太郎を見るのかが明確に表されていないということです。ここで考えている事態では、太郎の方が花子を見ています。つまり、見る「主体」が太郎であって、見られる「対象」が花子だということです。このように、事態に含まれるモノには、それぞれ異なった働きがあります。このような事態中でのモノの働きを「意味役割」と呼ぶのですが、「主体」と「対象」も当然その意味役割の一つです。

主体というのは、関係の性質を決める働きです。「太郎」と「花子」の間に、図⑸にあるような関係が成立しているとします。このとき、「太郎」を主体として選ぶからこそ、「見る」という関係なのだと決められるのです。もし逆に「花子」の方を主体として選んだとしたら、同じ現象をもとにしていても、「花子が太郎に見られた」という文が作られるはずで、だとすると、関係は「見られる」という形で表さなければなりません。

主体に対して、対象というのは、主体との間に関係があることが分かっていて、それ自身も主体になることができるモノの働きを言います。すぐ前に説明したように、図⑸が示すような現象については、「太郎」と「花子」の間に関係が成立していて、「太郎」と「花子」のどちらも主体として選択することができます。この現象をもとに、「太郎が花子を見た」という事態が作られたとすると、主体は「太郎」なのですが、このモノとの間に関係がある「花子」も主体として選択される可能性があり、その場合には、「花子が太郎に見られた」という事態が作られるわけです。「太郎が花子を見た」という事態の主体「太郎」と関係をもち、自分でも主体になることができる「花子」というモノの働きは、したがって「対象」だと見なすことができます。

「花子は教師だ」や「雪は白い」という文が表す事態についても、先ほど述べたように、主体である「花子」や「雪」と、「教師の集合」「白いモノの集合」との間に、包含関係という関係が成立しています。けれどもこの場合、関係の性質は常に「包含関係」であって、「教師の集合」や「白いモノの集合」が関係の性質を特定する働きをしているわけではありません。したがって、関係が包含関係の場合には、主体を含む集合の働きを「対象」と呼ぶことはできません。

なお、正確を期すために付け加えておきますと、「主体」や「対象」というのは、あくまでも事態を構成するモノの「働き」(意味役割)です。そして、主体としての働きをもっている単語のことを「主語」、対象としての働きをする単語のことを「目的語」と呼びます。ですから、働きを指す「主体」や「対象」と、単語を指す「主語」や「目的語」とは、性質の異なる用語なのです。ただ、主語である単語の働きは主体なのですし、目的語である単語の働きは対象に決まっているのですから、両者を混同して使っても、実際にはそれほど大きな不都合はありません。

主体と対象以外にも、意味役割はたくさんあります。全体としてどのような意味役割があるのかは、まだ完全には解明されていません。ですから、本書でもこの点について詳しく説明することはできないのですが、例えば、事態が成立する「場所」や事態を引き起こすために必要な「道具」または「手段」のような意味役割があることについては、それほど問題はなさそうです。また、モノが移動するという性質をもつ事態であれば、移動の「起点」と移動の「目的地」、さらには移動に際しての「経路」などの意味役割があることは、容易に考えることができます。

事態の内容をもっと正確に表そうとするならば、事態中のモノの意味役割を明示した方がいいのは当然です。先の⒄で表そうとした事態では、「太郎」が主体で「花子」が対象だったのですが、そのことをはっきりと示そうとすると、次のようになります。

⒅　見る〈過去〉［主体＝太郎、対象＝花子］

要するに、モノの前に「意味役割X＝」という形で、モノがどんな意味役割を与えられているのかを示しておけばよいわけです。

以上述べたように、事態の中にいくつかのモノが含まれていて、それらのモノは主体との間で異なった関係を取り結んでいます。事態の性質を決めるのが、主体とそれ以外のモノとの関係である以上、それは当然のことです。ですから、どんな言語であれ、文が表す事態に含まれるモノには、主体や対象などの意味役割が必ず与えられていなければなりません。ただし、その意味役割をどのような方法で表すのかは、言語によって違っています。

例えば、次のような形で表される事態があったとします。

⒆　食べる〈過去〉［主体＝太郎、対象＝魚］

これを日本語と英語を使って表してみると、次のようになります。

⒇　太郎が魚を食べた。

(21) Taro ate fish.

日本語であれば、主体と対象を表すのに、「が」「を」という特別の単語(日本語文法では「格助詞」と呼ばれているもの)を用いますが、英語では、そのような単語は用いられず、動詞 ate の前にあれば主体、後にあれば対象というように、単語の並び方によって表される方式がとられています。

このように、意味役割をどのような方法で表すのかということは、日本語や英語のような個別言語の特徴を形成する重要な要素の一つになります。

事態の時間的性質

「太郎が花子を見た」「太郎が魚を食べた」のような文が表す事態は、「過去」という時に成立しています。「見る」「食べる」のような事態は、普通は必ず始まりがあって終わりがありますから、時間の流れの中のどこかに位置を占めています。

ただ注意しなければならないのは、今考えているような事態が、過去の「時点」で起きるというわけではないということです。「時点」というのはまさに「点」ですから、長さがありません。事態が時点で起きるのだとすれば、それは一瞬で終わるということでなければならないはずです。ところが、誰かが何かを見たり食べたりするような事態は、短時間で終わるということはありうるにしても、全く時間がかからないということは決してありません。ですから、このような事態は、ある程度は長さのある、時間的な流れの中で起きるのだと考えなければなりません。本書では、時間的な幅のことを「時区間」と呼ぶことにします。ただし、時区間と時点をいちいち区別するのも面倒なので、「時区間」と言えば、時点のことも含むことにしておきます。

そうすると、「太郎が花子を見た」「太郎が魚を食べた」のような事態は、過去の時区間で成立するものだということになります。

時区間は、現在を基準として、それよりも前を「過去」、それよりも後を「未来」とするのが普通です。つまり、時区間は基本的に三種類があるということです。事態の性質をきちんと表そうとするならば、事態が成立する時区間についての情報を、〈現在〉〈過去〉〈未来〉のように表す必要があります。

ただし、どんな事態でも現在、過去、未来のどれかの時区間で起きるというわけでもありません。次の例を見てください。

(22) ネコはネズミをとる。

(23) 新幹線は時速二百五十キロで走る。

これらの文が表す事態は、どの時区間でも成立する可能性があるものです。私たちがもっている一般的な知識は、大体のところ時間的に制限されないという性質をもっているものですから、このような種類の事態の時間的性質についても名前をつけておく必要があります。本書では、どんな時区間でも起きる可能性があるという特性のことを「超時性」と呼ぶことにし、事態の特徴としては〈超時〉のように示すことにします。

ところで、「現在」「過去」「未来」という三つの時区間のうち、実のところ、現在だけは長さがありません。現在とは一体何なのかというのは本当は難しい問題なのですが、人間が生きている限り、次々と押し寄せてくる時点だと考えておくことにします。つまり、現在だけは、本質的に長さをもたない「時点」なのです。

現在が長さをもたない時点なのだとすると、「誰かが何かを見る」「誰かが何かを食べる」のように長さをもつ時区間で起きる事態は、現在では一部分しか成立することができないということになります。

実際、一部分しか成立しないという性質を、日本語や英語ではきちんと次のような形で表しています。

(24) 太郎が花子を見ている／太郎が魚を食べている。

(25) Taro is looking at Hanako. / Taro is eating fish.

日本語では、「見る」「食べる」ではなく「ている」を付けた形で、英語では動詞を進行形にすることで、一部分だけの成立を表しているわけです。

一方、「太郎が花子を見た」「太郎が魚を食べた」のような文は、事態の全体が成立したという内容を表しています。このように、事態の時間的な性質としては、現在、過去、未来のどの時区間で成立したのかということだけではなく、成立したのが事態の全体なのか部分なのかという情報も重要です。本書では、事態のこのような性質を、〈全体〉〈部分〉という表記法で表すことにします。

この表記法を用いると、(24)の文が表す事態は、次のように表されます。

(26) 見る〈現在、部分〉[主体＝太郎、対象＝花子]

(27) 食べる〈現在、部分〉[主体＝太郎、対象＝魚]

事態の成立可能性

事態は、現在自分が目の前で経験しているものであれば、まず絶対に本当であることは確実です。一方で、未来に起こる事態は、まだ起こっていないのですから、日付や列車の発車予定時刻のような特別の場合を除いては、基本的には起こる可能性があるだけです。過去の事態にしても、自分が実際に経験して明瞭に記憶しているような事態でなければ、絶対確実に起こったのかどうかは分かりません。

現在の事態だったとしても、次の例のように、話し手が自分の頭の中で想像しているだけの事態であれば、やはりそれは起こっている可能性があるだけです。

(28) 花子は今頃会社にいるかもしれない。

(29) 今札幌では雪が降っているに違いない。

人間に想像力や推論の能力があり、現実の世界で起こるとは限らない事態だったとしても、それを頭の中で作り上げるようなことが普通にある以上、事態が本当(真)なのか、それとも起こる可能性があるだけなのかは、事態の性質を構成する要素として、必ず含まれていなければなりません。

事態が成立する可能性は、全くない場合から、完全に成立している場合まで、段階としては無限にあります。しかし、無限の可能性を表すためには無限個の語句を使う必要があり、それは不可能に決まっていますし、そもそも人間が無限の程度の可能性を共通に区別できるなどということも考えられません。したがって、通常は可能性が全くない、可能性が少しある、可能性がかなりある、全くの真である、ぐらいの程度が設定されているのが基本だと考えていいでしょう。これらの可能性の程度を本書では、〈偽〉〈可能性小〉〈可能性大〉〈真〉のように表すことにしておきます。

可能性について、この表し方を使うとすると、(28)と(29)が表す事態は、次のように表されます。

(30) いる〈現在、部分、可能性小〉[主体＝花子、場所＝会社]

(31) 降る〈現在、部分、可能性大〉[主体＝雪、場所＝札幌]

事態の全体的しくみ

これまでの説明からお分かりのように、文が表す事態の構成要素としては、次のようなものがあります。

①関係

②モノの集合

③モノの集合の意味役割
④成立時区間
⑤全体または部分
⑥成立可能性

①関係は、選択された主体と対象、または主体を要素として含む集合との関係のことで、この関係が事態の基本的特性を決定します。この関係がどんなものかが決まらないと、ある事態と別の事態との区別ができないのですから、関係こそが事態の基礎を作るものだと言えます。このことがもっとよく分かるように、今後は「関係」という広い意味の用語ではなく、「事態基」という用語を使うことにします。

②「モノ」は、「イヌ」「ネコ」「魚」「太郎」「花子」などの、具体的な形をもつ個体を表すものとして今まで説明してきました。しかし実は、それだけでは正確ではありません。次の例を見てください。

(32) 運動は大切だ。
(33) 私は正義を愛する。

(32)にある「運動」、(33)にある「正義」は、「イヌ」や「太郎」のような、具体的な形をもつ個体を指し示すのではありません。「運動」であれば、「誰かがある時、ある場所で運動する」という「事態」を表しています。「誰か」「ある時」「ある場所」は、それぞれ無限の選択肢がありますから、「運動」は正確には「事態の集合」を表していると考えなければなりません。「正義」については、もう少し複雑で曖昧ですが、「誰かが法律を守る」「誰かが犯罪を罰する」のような、さまざまな事態を指していると考えることができます。だとするとやはり、「正義」も事態の集合を指しているわけです。

このように、事態の要素であって、意味役割をもつことができるものとしては、「モノの集合」だけではなく「事態の集合」もありうるのです。したがってここからは、「モノの集合」と「事態の集合」の両方を指し示すことのできる用語として、「事物の集合」を使うことにします。また、誤解の恐れがない場合には、「事物」だけでも「事物の集合」を表すものとしておきます。

③意味役割としては、主体、対象、場所、起点、目的地、経路、道具などが代表的なものでした。事態の要素である事物の集合には、必ずどれか一つの意味役割を与えることができます。④、⑤、⑥事態の成立時区間、全体または部分、成立可能性については、先に説明した通りです。ただ、「全体または部分」では少し長すぎるので、これからは「全体性」という用語を使うことにします。

以上の要素が、事態には必ず含まれていなければならないものです。そうすると、事態は一般的には、次のように表されることになります。

⑶4 事態：事態基〈時区間、全体性、成立可能性〉
[主体＝a、対象＝b、場所＝c、道具＝d…]

どんな言語の文であっても、この形の事態を表すのですが、その具体的な方法は言語によって異なります。先に説明したように、主体と対象の表し方は日本語と英語では違っています。時区間についても、英語であれば、「現在形」「過去形」「未来形」と呼ばれる「時制」が三つ区別されます。ところが日本語には特別の未来形はありません。これが中国語となると、時区間を区別するための「～形」と呼ばれる時制の区別は全くありません。

このように、同じ事態であっても、それを表す方法が異なるところに、個別言語の特徴を見出すことができるわけです。

文のしくみと品詞

事態を表す言語表現が文です。今述べたように、事態を構成する要素としては、事態基や事物の集合など、いくつかのものがあるのですが、それぞれ性質は違っています。事態がこのように複数の異なった要素によって構成されることを、言語の面で反映しているのが、「単語」です。つまり、事態の部分としての構成要素を表すのが単語だということです。

事態にこのようなしくみがなくて、全体として一挙に捉えられるようなものであれば、単語という単位は必要ではありません。けれども、事態は構成要素に分かれるのですから、言語としても、文が単語に分かれなければならないのです。

このことから、単語は、文が表す事態の部分(構成要素)を表す言語単位として定義することができます。事態の構成要素が、事態基、事物の集合、意味役割、時区間、全体性、成立可能性に分類されるように、単語もそれに応じて分類されます。事態の構成要素の性質に対応する単語の分類が「品詞」です。したがって、事態とその一般的な性質がすべての言語にとって同じであるのならば、どんな言語にも品詞があるのは当然だということになります。

事態の構成要素と品詞との関係は、大体のところ次のようになります。

(35) 事　態　基：動詞、形容詞、名詞
事物の集合：名詞
意 味 役 割：格助詞、前置詞

時　区　間：助動詞
全　体　性：助動詞
成立可能性：助動詞

事態基を表す品詞の代表は、「見る」「食べる」のような「動詞」です。ただ、「雪は白い」「花子は教師だ」のような文では、主体と集合との間の包含関係が表されているのですが、このような場合には、「白い」のような形容詞、「教師」のような名詞が事態基を表しています。ですから、事態基を表すための統一した品詞名が必要であり、このために「述語」という用語が使われるのが普通です。

意味役割については、主体と対象を表す方法を先に述べました。日本語では、「が」と「を」という「格助詞」を名詞の後に置くことで表されますが、英語では語順を使うのでした。主体と対象以外の意味役割も、日本語は「に」（場所、目的地）、「で」（道具、場所）、「から」（起点）のような格助詞を使って表します。一方、英語では、in, on, at, to, with, from のような「前置詞」と呼ばれる単語を名詞の前に置く方法がとられます。

時区間、全体性、成立可能性を表すための方法は、言語によってかなり異なります。日本語では、「た」という単語によって事態が過去の時区間において成立したことが表され、「た」は「助動詞」に分類されます。また、英語では will, shall のような助動詞が、事態が未来の時区間において成立することを表します。ですから、ここではとりあえず、時区間を表す単語が属する品詞を助動詞にしておきました。

しかし、英語で「過去形」と呼ばれる動詞の活用形が過去を表すように、時区間を表す品詞としていつも助動詞が選択されるということはありません。全体性と成立可能性についても同様です。品詞については、日本語を例にとりながら、次の章で詳しく説明することにします。

文を作る単語

事態を表す単位である文は、事態の部分を表す単位としての単語を一列に並べることで作られます。一つの言語には数万個の単語があります。日本の一般的な国語辞典ならば、大体五万から六万の単語が項目としてあがっています。『日本国語大辞典』(小学館)のようなもっと大きな辞典であれば、項目の数はさらに増えますが、それでも十万程度だろうと思われます。ただし、この数に含まれる名詞は「水」「山」「家」などの一般的な事物を表す、いわゆる「普通名詞」だけです。しかし、名詞には普通名詞以外に、人名や地名などの「固有名詞」があって、普通の大人であれば普通名詞以上の数の固有名詞を知っています。人名には日本人だけでなく外国人の名前もありますし、外国の地名も国名や都市名など、意外にたくさん知っているものです。これらの固有名詞も当然単語の仲間なのですから、普通名詞と固有名詞を合わせれば、普通の大人でも十万個近くの単語を覚えているものと考えてよいだろうと思います。

十万個もの単語から、いくつかを選んで文を作り事態を表すことで、ようやく伝達という言語本来の目的を達成することができます。ただし、選ばれた単語の並び方はどうでもいいわけではありません。つまり、単語の並び方には一定の規則があるのです。単語の並び方を語順と呼ぶわけですが、私たちが語順を意識するようになるのは、通常は英語を学び始めたときです。英語には、「主語＋動詞＋目的語」（ＳＶＯ）という語順の決まりがあって、この語順に従って名詞と動詞を並べることにより、主語と目的語を区別することができるということを、最初の方で教わります。つまり、主語と目的語という重要な文法的機能を、英語は語順の規則を使って表しているということです。

他にも英語には、who や what のような疑問詞は文の先頭に来るとか、疑問文を作るときには主語と動詞または助動詞をひっくり返す（倒置する）など、文を作るときに守らなければならない語順の規則があります。ですから、英語の文を正しく理解したり、正しい英語の文を作ったりするときには、英語にどんな語順の規則があるのかをいつも意識しておかなければなりません。

このような語順の規則があるのは、英語だけではありません。日本語にも語順の規則はきちんとあります。「太郎が」「ネコを」「学校で」のような表現を見ても分かるように、日本語では「太郎」「ネコ」「学校」のような名詞の直後に「が」「を」「で」のような格助詞を続けるという規則があります。この規則は絶対的なもので、「が太郎」「をネコ」「で学校」のように言うことは、日本語である限り決してできません。

他にも、「話した」「見た」のような表現を見れば「動詞＋助動詞」という規則があることも分かります。この規則も必ず守らなければならないもので、「た話す」や「た見る」のような「助動詞＋動詞」という順番の表現を作ることは、日本語では許されません。このように、日本語についても語順の規則が厳然として存在しているのです。

ただし、日本語と英語では語順の規則が異なっていることは、今あげた例を見ても分かります。主語と目的語は、日本語では「が」と「を」という格助詞を名詞に続けることで表されますから、英語と同じような語順の規則は必要ではありません。日本語では「花子が水を飲んだ」のように、「主語＋目的語＋動詞」という順番になるのが普通です。ただし、この語順は絶対的なものではなくて、「水を花子が飲んだ」のように、目的語が主語の前に置かれても、間違いというわけではありません。

また、日本語で「学校で」「駅に」と表される意味は、英語では at school や to the station のように言い表されます。at や to のような単語は、日本語の格助詞と同じような働きをしますが、格助詞とは違って名詞の前に置かれます。このことから at や to を「前置詞」と呼ぶわけですが、同じ働きをする単語であっても、日本語は名詞の後に置かれる語順なのに、英語では名詞の前に置かれる語順になっていることが分かります。

これ以上の例はあげませんが、どんな言語にも単語を並べるための規則があることは知られています。そして、ある特定の言語を使って事態を伝達しようとする限り、その規則は必ず守らなければならないものです。同時に、ある言語を使って作られた文を受信する人間は、その言語にどんな語順の規則があるのかを知っていなければ、聞いたり読んだりする文が表す事態を正しく理解することはできません。このように、文を構成する単語を並べる規則がどんなものであるのかは、一つの言語の特徴を形作る重要な要素だと考えることができます。

言語の音

単語を一定の規則に従って並べることで文を作り、こうして出来上がった文が事態を表すことで、言語の目的が達成されます。ただ、これだけではまだ事態が伝達されるわけではありません。伝達のための「媒体」が必要です。そして、人間の言語の場合に、その媒体として使われるのが「音」です。

単語は、事態基や事物の集合のような事態の部分を表し、このような事態の部分こそが、一般的に単語の「意味」と呼ばれるものです。また、文が表すのは事態の全体ですが、文の意味とは事態のことに他なりません。そして、意味と音が結合することにより、単語や文という言語単位が構成されるのだと考えることができます。

音は、肺から出る気流を、喉や口を使っていろいろな方法で加工することで作られます。人間が実際に発音する音のことを、専門的には「音声」と呼びます。世界の言語を眺めると、実にさまざまな音声が使われているのですが、個々の言語がすべての音声を利用しているというわけではありません。さらには、個々の言語で実際に使われている音声が、すべて異なった音声として区別されているわけでもありません。

日本語で、次の単語がどのように発音されているのか見てみましょう。

(36) 図画、傷

「図画」は、通常は［dzuga］のように発音されます。「ず」を発音するときの子音は、［dz］です。一方、「傷」は、通常［kizu］のように発音されます。同じ「ず」でも、この場合に使われる子音は［z］です。専門的には、［dz］は「破擦音」と呼ばれる音声で、［z］は「摩擦音」と呼ばれる音声であり、音声的にも種類が違います。

このように、［dz］と［z］とは違う音声なのですが、日本語の同じ平仮名に対応していることからも分かるように、日本語では同じ一つの音としての働きしかしていません。別の言い方をすれば、一つの抽象的な音の単位が、実際には二つの音声に対応しているということです。このような抽象的な音の単位のことを、専門的には「音素」と呼びます。

ですから、意味と結びついて単語や文を作っているのは、正確には音声ではなくて音素なのです。私たちが普通に「音」と呼んでいるのは、音声の集合体としての音素です。音声と音素はこのようにきちんと区別する必要があるのですが、個別的な言語の特徴について問題にされるのは音素ですから、本書では、単に「音」と言えば音素のことを指すものとしておきます。

第二章

chapter 2

日本語の特徴——音と文字——

第一章では、人間の言語が一般的にどんな性質をもっているのかを解説しました。私たちの日本語も言語の仲間なのですから、言語に共通の性質は必ず備えています。しかし、そのような共通の性質を背景としながら、個々の言語がそれぞれ独自の特徴をもっていることも確かです。それでは、日本語を特徴づける性質とは一体どんなものなのかを、これから見ていくことにしましょう。

世界には、五千とも七千とも言われる数の言語があります。国連に加盟している国の数は百九十一だそうですから、それに比べると言語の数はずいぶんと多いものです。日本語はその何千もある言語のうちの一つに過ぎませんし、日本以外の国で日本語を使用している安定した地域もありません(海外の大都市にある「リトル・トーキョー」のような地区には、日本語を話す一定数の集団はいますが、こういう場所が日本語を使用する安定した地域だと見なすことは難しいと思います)。けれども、日本語を第一言語として使う人の数は、間違いなく一億二千万人以上はいるわけですから、世界の諸言語の中でもかなり有力な言語なのだと考えることができます。

しかも、日本語には八世紀以来脈々と続く、優れた文学作品の伝統があります。八世紀に日本語で書かれた文学作品と言えば、『万葉集』や『古事記』で、一方は短歌、つまり韻文であり、他方は散文ですが、どちらも世界に誇る作品です。同じ八世紀のヨーロッパで文学作品をもつのは、かろうじて英語(叙事詩『ベオウルフ』)があるだけで、イタリア語もフランス語もスペイン語も、まだ文献すら現れていませんでした。もちろんこれらの言語も、後の時代にはダンテの『神曲』（十四世紀）、ラブレーの『ガルガンチュア』（十五世紀）、セルバンテスの『ドン・キホーテ』（十六世紀）のような偉大な文学作品を生み出しています。しかし日本語では、すでに十一世紀の初めには、こういった世界的文学作品と比べて遜色がないどころか、文学的価値はむしろ高いとも言える『源氏物語』が書かれているのです。これだけを見ても、日本語による文学的著作の伝統がいかに長く強靱なものであるかが分かります。

文学作品以外にも、『大鏡』（作者不詳）、『愚管抄』（慈円）、『神皇正統記』（北畠親房）、『古事記伝』（本居宣長）のような歴史書、思想書が数多く日本語で書かれています。言語は、事態を表す手段としてはすべて同じ力をもっているのですが、それが生み出した作品の点ではやはり同じとは言えません。言語が作り出した作品の質と量が言語の威信を決めるのだとしたら、日本語は疑いなく高い威信をもった言語だと言うことができるでしょう。

話者数の点でも威信の点でも、世界の諸言語の中で間違いなく上位に位置するのが私たちの日本語です。その日本語を使用する社会に属している私たちは、自分たちの言語を誇る資格が十分にあります。

日本語の特徴を探す

それでは、日本語とはどのような特徴をもった言語なのでしょうか。すでに第一章で説明したように、言語とは「事態」を伝える手段であって、その点ではどんな言語でも同じです。日本語には、「啓蟄」「小暑」「大寒」など季節を表す単語が豊富だとか、エスキモー語には「雪」を細かく区別する単語が二十以上もあるとか、単語のレベルではそれぞれ詳しさに違いがあるのが普通です。しかし、例えば「啓蟄」であれば、「三月の初旬で寒さが和らぐ頃」のように、同じ意味をいくつかの単語を組み合わせることで表すことができます。あるいはもっと簡単に「三月初旬の春」とでも言えば何とかなります。ですから、どのような種類の単語がいくつあるのかということは、事態を表すしくみの優劣とは基本的に関係ありません。

もちろん、同じ意味であればいくつもの単語を並べて表すよりも、一つの単語だけで表せた方が、言葉を使う側からすると効率的であることは当然です。しかし一方で、「季節」や「雪」のように共通の特徴をもちながら、さらに細かく意味を区分する単語がたくさんあって、それが実際によく使われるのだとしたら、言語を理解する側では、そういうたくさんの数の単語をきちんと記憶しておかなければなりません。ところが、人間の記憶容量には限界がありますから、覚えられる単語の数は高々二万とか三万くらいであって、それ以上の数の単語を覚えることは、よほど記憶力の優れた人以外には不可能なことです。

ですから、言語の意味を理解する側からすると、似たような意味をもつ単語がたくさんあって、そのうちの一つだけを使って特定の細かい意味が表されるよりは、もっとおおざっぱな意味を表す単語をいくつか並べて同じ意味が表された方が、記憶への負担が軽いという点で効率的だとも言えるわけです。言語というのは、それを発する人間が意図していた事態（意味）と受け取る人間が理解する事態が同じになって初めて、本来の機能を正しく発揮したのだと言えます。そうでなければ、そもそも言語による「伝達」が達成されたと考えることはできません。

したがって、発信（産出）と受信（理解）という二つの側面を言語のしくみの中にきちんと組み入れて考える限り、ある言語にどれくらいの種類と数の単語あるのかということは、その言語の一番大切な特徴を形作る要素の中に含める必要はないということになります。もちろん、ある言語がもっている単語の中で、どの分野の事物を表すものが多いかという特徴は、その言語を使っている社会がどのような種類の事物に強い関心をもっているかを示しますから、社会の特性についての示唆を与えてくれるものだとは言えます。単語の総体のことを「語彙」と呼びますが、語彙が示す特徴だけでは、言語そのものの基本的しくみを明らかにしてくれるものと見なすことはできません。

言語の基本的特徴を決める要素

それでは、言語の基本的特徴を示すものとは何でしょうか。それは、音と単語と文法、そしてこれら三つの要素を使って事態が表されるしくみです。ここで「単語」と言っているのは、先ほど話題にした語彙の特徴ではなくて、品詞分類や動詞の活用といった、文法につながる単語のしくみのことです。

言語とは、話し手や書き手という「発信者」から、聞き手や読み手という「受信者」へ同じ事態を伝達する手段として定義されます。発信者は、言葉を使おうとするときには、頭の中でまず事態を作り上げます。誰にでも分かるように事態を表すことができるのは言語だけですから、発信者の頭の中でも言語によって事態が作られるものと考えることができます。

言語を使おうとする発信者の頭には、ですから、文がすでに作られているわけです。ただしこの文は、言葉としてまだ完全というわけではありません。なぜならば、伝達のために使われてこそ本来の役割を果たすのが言葉なのに、頭の中にあるだけの文は、まだ伝達以前の段階にあるからです。

頭の中にある文は、単語を一定の規則に従って並べたものです。単語や単語の並び方の規則については、また後で詳しく説明します。とにかく、伝達のために文を使うためには単語を並べなければなりません。そして、どんな単語が使われたのか受信者に理解されるためには、それぞれの単語に対応する音が発信者の口から発せられなければなりません。というわけで、ある言語の特徴を決める重要な要素として、どんな音が使われるのかということが挙げられることになるのです。

もちろん、文が書かれるときには、音ではなくて文字が使われます。人間の言語が誕生したのがいつのことかを確定することは恐らく永遠にできないとは思いますが、ホモ・サピエンス（クロマニヨン人）の発生とともに今のような言語が登場したとすると、少なくとも十万年の歴史が言語にはあることになります。ところが、人間が初めて文字を作ったのは、メソポタミア文明の時代だとされますから、ようやく五千年前のことに過ぎません。ですから、人間が言語を表現する手段として文字を使うのは、言語の歴史の中ではほんの一部に過ぎません。言語は誕生した時点でその基本的な性質が決まっていたのですから、言語の基本的な性質を考える上で文字を組み入れることは、あまり適切とは言えないのかもしれません。少なくとも伝統的な言語学ではそう考えていました。

けれども、現代の世界では、アルファベット等の文字をうまく工夫すれば、どんな言語でも書き表すことは可能です。それに、日本語のようにほとんどの使用者が文字を使って書き表すための教育を受けているような社会であれば、文字による伝達、要するに「書き言葉」が言語による伝達の大きな部分を占めていることは確かです。新聞や雑誌、単行本や文庫本などは誰もが毎日何らかの形で接しているものですし、最近ではテレビに登場して「話し言葉」を使う人物が言ったことを、画面の下に字幕のようにして文字化する方法も珍しくなくなりました。韓国でもそのような習慣が広まっているということですし、中国では、各地で使われる方言を聞いても、その地方以外の人には理解できないため、北京語や地域の標準語の字幕が使われるのが、ドラマや映画などでは普通のことになっているようです。したがって、文字による伝達がどのように行われるのかということを、言語の特徴を決める要素として含めることも、現代では必要になっていると考えることができるでしょう。

言語の基本的特徴を決めるのに、音と文字の次に来るのが単語です。単語を並べて文を作り、文が表す事態が理解されて初めて、発信者から受信者への伝達が完成します。だとすると、単語を構成する音と意味を理解することが、文の意味を正しく理解するための大前提となることは当然です。先ほども述べたように、単語の総体としての語彙にどんな特徴があるのかは、特徴として重要ではありますが、基本的特徴を決めるとまでは言えません。もっと大切なのは、どのような種類の単語があるのか、そして、働きに応じて単語がどんな形をとるのかということです。

単語の種類というのは、要するにどんな品詞があるかということです。どんな言語にも名詞、動詞、形容詞、副詞などの基本的な品詞はあります。ところが、英語やフランス語のような言語にある冠詞は、日本語にはありません。現在分詞や過去分詞のような、動詞と形容詞の中間ぐらいの性質をもった品詞も、英語やギリシア語にはあっても、日本語にはありません。一方で、日本語の「が」「を」「に」「で」のような「助詞」と呼ばれる品詞は英語や中国語にはありません。このように、基本的品詞も含めてどんな品詞があるのかということは、文のしくみに大きな影響を与えますから、一つの言語の特徴を決める上での重要な要因となっていると言えます。

さらに、日本語の動詞や形容詞は、次にどんな単語が来るのかによって語形が変わります。「とる」という動詞なら、後に「た」が来ると「とっ(た)」という語形になりますし、「ば」が来るなら「とれ(ば)」という語形になります。これが動詞の「活用」と呼ばれる現象です。また名詞でも、「酒」という単語なら普通は「さけ」ですが、前に「大」や「甘」という単語が来ると「おおざけ」(大酒)、「あまざけ」(甘酒)のように「ざけ」という語形になります。これが英語であれば、come の過去形が came に、break の過去分詞形が broken になるように、文法的な働きによって動詞の語形が変わってきます。ロシア語だと、首都のモスクワは Moskva という語形ですが、これは「モスクワが」という意味で、「モスクワの」だと Moskvi という語形になります。つまり、ロシア語では文法的な働きに応じて名詞が活用するということです。

このように、単語の分類とその働きと語形との関係は、文の構成要素としての単語にとって非常に大切な性質です。だからこそ、単語のこういった性質が、言語の基本的特徴を与えるのだと考えることができるわけです。

それではこれから、日本語がどんな特徴をもっている言語なのかを見ていくことにしますが、本章では音と文字について考えてみます。

言語で使われる音

音は意味とともに、単語を構成する要素です。これら二つの要素のうち、人間が知覚するのは音の方です。どんな音が使われたのかをきちんと知り、その音に意味を結びつけることで、初めてどんな単語が使われたのかを受信者は理解することができます。

音と意味が結びつけばいいのなら、一つの音に一つの意味が結びついているようなしくみでも構わないことになります。しかし、人間が発音し聞き分けることができる音の数は、高々二百個程度に過ぎません。ところが、先にも述べたように、単語の数は十万個にも上るのが普通です。そうすると、一つの音に一つの意味が対応するしくみでは、たった二百しか単語を区別することはできないことになります。

十万個の単語を音だけで区別しようとすれば、音を並べて一つの固まりにして、この音の並び一つに意味を対応させる以外の方法はありません。この方法であれば、たった十個の音しか使わなくても、それを五個並べることで、十万個の単語を区別することができます。ですから、簡単な方法で発音できる音を選んでそれらを少ない数使うだけで、単語の区別には十分なのです。

母音と子音

ただし、たった十個の音を使うとしても、どんな音でもいいというわけにはいきません。まず、音には「母音」と「子音」という大きな区別があります。母音は、日本語の「あ」「い」「う」「え」「お」のような音です。音を出すときには、肺から空気を口の外に送り出すのですが、母音の発音に際しては、空気が途中で止められるということがありません。ですから、「あ」という母音は口を大きく開けて空気を送り出せば、それだけで簡単に発音することができます。

音を文字で表すときには、「発音記号」を使います。発音記号は、基本的にはローマ字をもとにして作られたものですが、ローマ字は二十六個しかないので、新しい文字を作ったり、既存のローマ字を変形したりすることで、二百個の音を表し分けるようにしています（「発音記号」は、専門的には「国際音声字母」と呼ばれるのですが、本書では発音記号という用語で統一します）。「あ」「い」「う」「え」「お」の母音を表す発音記号は、a、i、u、e、oで、普通のローマ字と同じです。

母音と違って、子音を発音するときには、肺からの空気の流れがどこかで止まります。日本語の「ぱ行」（「ぱ」「ぴ」「ぷ」「ぺ」「ぽ」）は、発音記号で書き表すとpa、pi、pu、pe、poになります。ここにあるpという音が子音で、この音を発音するときには、口を一回閉じて空気の流れを止めて口の中の気圧を高めてから、口を開いて空気を一気にはき出します。このときにpの音が出るわけです。次に、「か行」(「か」「き」「く」「け」「こ」)の発音も、やはりローマ字で書くのと同じで、ka、ki、ku、ke、koです。ここで使われているkという子音を発音するときには、舌の奥の方が盛り上がって、口の中の上部にくっつきます。こうして、舌の後ろの部分が口の奥で立ちはだかることで、空気の流れが一度止められます。そして次に舌を下げて再び空気を流して、kという子音の音が作られるのです。

子音にはさまざまな種類のものがあって、正確に言うと肺からの空気の流れが完全には止められないものもあります。「さ」(sa)や「ぜ」(ze)、「は」(ha)や「る」(ru)などで使われるs、z、h、rなどの子音がそうです。けれども、これらの子音についても、母音を発音する場合とは違って、どこかの部分で空気の流れを何らかの形で妨げることは確かです。ですから、子音というのは、発音するときに空気の流れが止まるか妨げられる音だと定義することができます。

母音と子音の違いはもう一つあって、母音は単独でも発音することが普通にできるのに、子音は単独で発音することが難しいということです。実際、pやkという子音を、それだけで発音することは、全くできないわけではありません。しかしたとえ発音したとしても、「ぷっ」とか「くっ」のような小さな音が聞こえるだけで、注意しなければどんな音が発音されたのかもよく分からないくらいです。それも当然で、子音は口の中に空気を一度ためて圧力を高めておいて、それを一気に開放することで音を出すのですが、圧力が高まると言ってもそれほど大きなものではありませんから、出る音もそれほど強いものではないのです。

区別される音列の数

子音を単独で発音することが難しいため、子音を発音するときには、paやkoのように母音を伴うのが普通です。単語の要素として使うために音を並べる場合でも、並べられた音の中には必ず母音が一つは含まれているのが原則です。これからは、並べられた音のことを「音列」と呼ぶことにします。

先ほど、十個の音から五個を選んで音列を作るとすると、十万個の音列を区別することができると述べました。このときには、並べられる五個の音として子音と母音の区別は全くしていませんでした。しかし、五個全部が子音ということはありえません。ここで、十個の音のうち五個が母音で五個が子音だとしましょう。そうすると、これらの音から母音を一個、子音を四個選んで音列を作る場合、区別することができる音列の個数は、次のようにして計算することができます。

$$5\times5\times5^4(5の4乗)=5の6乗=15625$$

母音が一個なければならないというだけで、区別される音列の数はかなり減少します。それでは次に、五個ではなくて六個並べて音列を作ることにして、母音はやはり一個だということにすれば、できあがる音列の個数は次のようになります。

$5 \times 6 \times 5^5$（5の5乗）$= 30 \times 3125 = 93750$

十万個には少し足りませんが、この数に音を五個並べた場合や四個並べた場合なども加えれば、合わせて十万個を超えることは確かです。

このように、母音と子音を五個ずつしか使わなくても、十万個の音列を区別することは十分に可能です。一つの音列が一つの意味に結びついて作られるのが単語ですから、こうして十個の音を発音し分けるだけで、十万個の異なった単語がそれなりにきちんと区別できるようになるわけです。

ところが、世界の諸言語を見てみると、音を十個程度しか使わない言語は少数派です。日本語は二十個弱の音を使いますが、それでも少ない方です。英語は、考え方によって少し異なる場合もありますが、母音が（二重母音も含めて）二十個、子音は二十四個で、合計四十四個もの音を使います。

十個でも何とか十万個もの単語を区別できるのに、どうしてその二倍、三倍もの音を使うのかというと、使われる音の数が多い方が、音列が短くてすむからです。例えば、母音が十個、子音が二十個、合計三十個の音を使うとしましょう。この場合も同じように、音列には母音が一個含まれるものとすると、母音一個と子音二個という三個の音を並べるだけで、もう一万二千個もの異なった音列を作ることができます。これが母音一個と子音三個という四個の音を並べるのならば、全部で十六万個の異なった音列ができます。一つの言語がもつ単語の数は、最大でもこれくらいでしょうから、英語なら silk（絹）とか past（過去）のような、ごく短い音列を用いるだけで、すべての単語をカバーしようと思えばできてしまうわけです。

ただしこの計算では、ppp とか ttt のように、同じ子音が連続してもいいことにしていますし、lnhki や egpth のような、実際にはとても発音できないような子音の連続もありうるという無理な条件も設定しています。普通の言語では、このような発音できない子音の連続は使われませんから、同じ子音と母音の数でも、実際に区別できる音列の数は先にあげたものよりは少なくなります。だからこそ、四十四もの音を使う英語にも、entertainment（娯楽）や ventrilocution（腹話術）のように、母音を四つも五つも使って作られる音列で表される単語が相当数あるわけです。

音を十個（母音と子音五個ずつ）しか使わないと六個並べなければ十万個を区別できないし、それでも十万個ぎりぎりの数です。実際に発音できる子音の連続しか音列に使わないとすると、最低でも七個以上の音を並べなければならなくなるはずです。ところが、音を三十個（母音十個、子音二十個）使うとすると、四個並べるだけで十分に十万個の音列を区別することができます。

少ない数の音しか使わない場合、発音の簡単な音だけを選べばいいのですから、音列を実際に発音するときのエネルギーは少なくてすみます。また、使う音の数が少なければ、似たような発音のしかたをする音ではなく、聞いて容易に区別できるような音を選ぶこともできます。そうすると、音列を聞く方でも、今言われたのはどちらの音なんだろうかと迷うような事態が起こる可能性も低くなりますから、受信者の側での負担も軽減されます。

一方、たくさんの数の音を使う場合には、使われるすべての音の発音が楽だというわけにはいきません。英語であれば、cat（ネコ）のaに使われるæという発音記号の母音は、普通のaに比べると喉を緊張させなければなりませんから、発音のときにエネルギーを多く使います。他の言語であれば、はるかに強く喉を緊張させなければまともに発音できない子音を使うものもあり、このような子音の発音には相当のエネルギー消費が必要です。

音を区別する場合でも、使われるたくさんの音の中には似たようなものが含まれていることが多いので、ちょっと聞いただけではどちらなのか迷うこともありえます。フランス語には、日本語の「あ」と似たような母音に二種類の区別があります。「後寄りのa」と「前寄りのa」という区別なのですが、後寄りのaを使えば「生地、パスタ」（pâte）という意味なのに、前寄りのa

を使うと「(動物の)足」(patte)という意味になります。しかし、どちらのaも聞いた感じはよく似ているので、結局のところは文中で他にどんな単語が使われているのかを参照して、どちらの単語なのかを決めなければならないということになります。つまり、受信者の側の理解に手間がかかってしまうということです。

このように、少ない数の音しか使わなければ、単語を作る音列の数は長くなりますが、発信と受信のときの負担は小さくてすみます。一方、たくさんの数の音を使うと、単語を作る音列の数は短くてすみますが、発信と受信の過程における負担は大きくなります。世界の諸言語は、音列の長さと発信・受信の際の負担という二つの要因の間で、うまくバランスがとれるように使う音の数を決めているのではないかと思われます。

日本語で使われる母音

それでは、日本語の音についてはどのような特徴が見られるのでしょうか。まず、日本語で使われる音は、世界の言語の中でもまことに標準的なものだということが言えます。母音は、先ほども述べたように、a、i、u、e、oの五つですが、これらの母音はまさに標準的とも言える母音です。

母音の特徴としてまず重要なのは、口の開きの大きさです。口の開きは最大から最小まで無限に変化することができますが、とりあえずは最大と最小の二つの区分がありえます。口の開きが最大の母音がaであり、最小の母音がiとuです。そして、その中間に位置するのがeとoです。つまり日本語は、口の開きを「大」「中」「小」という具合に、分かりやすく三つに区分しているということです。「中」の部分は、いくらでも細かく段階づけることができますが、区分が細かくなればなるほど、発音の区別も微妙になりますし、聞き取りにも注意しなければならなくなります。ですから、口の開きの三分類は、二分類よりは少し複雑であるにしても、十分に基本的な区分だと言うことができます。

母音の性質を決めるもう一つの特徴として、発音するときに口の中で舌が盛り上がる位置が「前」（歯に近い）か「後」（喉に近い）かというものがあります。口の中で舌がどのように盛り上がるのかは、普段はもちろん意識することはありません。それだけに分かりにくいのですが、「け」（ke）を発音するときと、「こ」（ko）を発音するときに、口の中で舌がどこにくっつくかを注意して観察してみると、ある程度は実感できるはずです。「け」を発音するときには、舌は口の上部（これを「口蓋」と言います）の真ん中あたりに付きますが、「こ」を発音するときには、口蓋の後ろ、「のどちんこ」の近くに付くことが分かると思います。この違いは、kという子音の発音から来るのではなくて、その後にある母音のeとoを発音するときに舌が盛り上がる位置の違いから来ているのです。

舌が盛り上がる位置の前後という特徴で見てみると、口の開きが「中」である母音については、位置が「前」なのがeで、「後」なのがoです。これは、すぐ前の説明からもお分かりになると思います。そして、口の開きが「小」である母音については、位置が「前」なのがiで、「後」なのがuです。この違いについても、「き」(ki)と「く」(ku)を発音してみて、舌が口蓋にくっつく位置の前後関係で確かめてみてください。

口の開きが「大」である母音についても、前後の区別はありえます。実際、先ほど説明したフランス語で使われる二種類のaがそうです。ただし、口の開きが大きくなると、舌の盛り上げが生理的に難しくなるので、位置の前後といってもそれほどの違いは出てきません。ですから、発音の区別は一応可能でも、音色の違いはそれほどはっきりしないのです。このことから、日本語では口の開きが「大」である母音について、舌の前後で二つの母音を区別することはありません。

以上をまとめると、①口の開きの程度が三段階、②舌の盛り上がる位置の前後で二種類の区別をするのが、母音の特徴を決めるときの基本です。この特徴に従うと六個の基本母音が区別できます。しかし、口の開きが大きい母音については、舌の前後の区別がしにくいので、一種類の母音だけが区別されるのが基本となります。こうして、次のような図で表される五つの基本母音が決まります。

	前	後
舌の位置		
口の開き		
小	i	u
中	e	o
大	a	

日本語で使われる五つの母音は、まさにこの基本母音なのでして、いかに日本語が母音の基本に忠実であるかが分かります。ただ、細かいことを言うと、口の開きが小で、舌の位置が後の母音であるuは、基本母音としては口を丸めて発音するような「う」の音です。関西ではこのような口を丸める「う」が使われますが、東京の方言を基礎とする標準語の「う」は、口を丸めないで発音します。ですから、日本語の標準語の「う」は、厳密に言うと基本母音というわけではないのですが、その点を除いては、やはり日本語の母音は基本母音と同じだと考えても、それほど間違いだとは言えません。

日本語で使われる子音

子音は、母音よりも数が多いことからも分かるように、その特徴は母音よりも複雑です。まず大きな区分としては、肺からの気流を唇や舌で完全に止めるのか、それとも気流の通過を止めないけれども妨げるのかという違いがあります。気流を完全に止める子音を「閉鎖音」、気流を妨げるだけの子音を「摩擦音」と言います。「ぱ行」の子音のpや、「か行」の子音のkが閉鎖音です。一方、「は行」のhや「さ行」のsは、二つの声帯の隙間を細めたり、舌先と歯茎を非常に近づけたりして、その狭い空間に気流を通すことで発音される摩擦音です。

それから、「ま行」のmや「な行」のnは、肺から唇までの途中で、唇や舌で気流が止められるという点では閉鎖音と同じなのですが、鼻へも気流を通して発音され、喉から鼻への過程では気流が止められることはありません。このため、閉鎖音ではなくて「鼻音」と呼ばれます。もう一つ「ち」や「つ」で使われる子音は、閉鎖音と摩擦音を組み合わせたような音で「破擦音」と呼ばれます。

日本語では、「か行」「が行」「ぱ行」「ば行」と「た」「だ」「て」「で」「と」「ど」の子音が閉鎖音、「さ行」「ざ行」「は行」の子音が摩擦音、「な行」「ま行」の子音が鼻音です。

子音を大きく特徴づけるもう一つの特徴として、発音するときに声帯が震えるかどうかがあります。声帯が震えるというのは、それだけ聞こえやすい音だということで、母音を発音するときには必ず声帯が震えます。声帯が震えていることは、例えば「あーーー」と発音してみて、そのときに自分の喉を手で押さえてみれば、喉が細かく振動していることで分かります。

声帯を震わせて発音される子音を「有声音」、声帯を震わせないで発音される子音を「無声音」

と言います。日本語では、「か行」「さ行」「た行」「は行」「ぱ行」の子音が無声音で、「が行」「ざ行」「だ行」「ば行」「ら行」の子音が有声音です。鼻音を発音するときにはいつも声帯が震えますから、「な行」と「ま行」も有声音になります。

一般的に言って、日本語で「清音」と呼ばれる仮名で使われる子音は無声音であり、「濁音」と呼ばれる仮名で使われる子音は有声音です。「ぱ行」（「ぱ」「ぴ」「ぷ」「ぺ」「ぽ」）の仮名は「半濁音」と呼ばれて、清音とも濁音とも違うような取り扱いを受けていますが、この行の子音はpという典型的な無声音なので、本当は清音に入れるべきところです。

子音の基本的特徴を決める要素として、最後に、肺からの気流がどこで止められたり妨げられたりするかというものがあります。気流を妨げる位置を「調音点」と呼びます。口から喉にかけてのどの位置も調音点となることができるのですが、発音しやすい調音点としては、唇、歯、軟口蓋があります。「軟口蓋」というのは、口の上部の壁である口蓋の後ろの方の部分です。

唇を調音点とする音は、閉鎖音としては「ぱ行」のp、「ば行」のbがあります。それから、少し分かりにくいのですが、「ふ」の子音は両方の唇の間に気流を通すことで発音される摩擦音（無声）です。ヘボン式ローマ字ではfuと書かれますが、fという発音記号で表される音は、同じ摩擦音ですが、上の歯を下の唇に軽く当てて発音される音なので、日本語の「ふ」の子音とは少し違います（聞いた感じはよく似ていますが）。「ま行」のmは、唇を調音点とする鼻音です。

歯を調音点とする音では、閉鎖音として「た」「て」「と」のt、「だ」「で」「ど」のd、摩擦音として「さ行」のs、「ざ行」のz、鼻音として「な行」のnがあります。また「ち」「つ」の子音は、歯を調音点とする破擦音です。同じ「た行」でも「た」「て」「と」と「ち」「つ」の音が違うというのは、さすがに統一がとれているとは言い難いところがあります。平安時代ぐらいまでは「ち」と「つ」は、発音記号でti、tuと書ける音(平仮名で書くと「てぃ」や「とぅ」のような音)だったようですが、その後現在のような破擦音に変化しています。これがどうしてそうなったのかは、日本語の歴史で解明すべき問題の一つでしょう。

軟口蓋を調音点とする音としては、「か行」のk、「が行」のgという閉鎖音があります。鼻音としては、鼻濁音と呼ばれる「が行」の音があって、「かがみ」の「が」、「さげる」の「げ」で使われる子音がそうです。鼻濁音は、英語のsingやkingで使われるŋという発音記号で表される音と同じです。ただ、現代の日本語では鼻濁音を使う人はどんどん少なくなっています。鼻濁音の代わりに、同じように軟口蓋を調音点とする摩擦音である、ɣという発音記号で表される子音を使う人の方が、現代の日本では圧倒的多数を占めています。

少し説明がくどくなってしまったので、日本語の五十音(+濁音、半濁音)を、①気流を妨げるかどうか(閉鎖音、摩擦音、破擦音、鼻音)、②声帯が震えるかどうか(有声音、無声音)、③調音点はどこか(唇、歯、軟口蓋)という三つの点から特徴づけてみることにしましょう。

	①	②	③
あいうえお	母音	有声	×
かきくけこ	閉鎖音	無声	軟口蓋
がぎぐげご	閉鎖音	有声	軟口蓋
さしすせそ	摩擦音	無声	歯
ざじずぜぞ	摩擦音	有声	歯
たてと	閉鎖音	無声	歯
だでど	閉鎖音	有声	歯
ちつ	破擦音	無声	歯
なにぬねの	鼻音	有声	歯
まみむめも	鼻音	有声	唇
ぱぴぷぺぽ	閉鎖音	無声	唇
ばびぶべぼ	閉鎖音	有声	唇

気流の妨げがあるかどうか、声帯が震えるかどうかという特徴による分類は、それほど複雑なものではなくて、世界の諸言語でも大体のところは共通です。日本語の子音についての特徴とし

て重要なのは、唇と歯と軟口蓋という最もありふれた三つの調音点で大部分の子音を作り出しているということです。英語だと、thというつづりで表される音は、上の歯と下の歯の間に舌の先をはさんで発音される摩擦音で（発音記号ではθとð）、調音点を単純に歯とするわけにはいきません。ですから特別に「歯間音」などと呼ばれています。

このように、極めて普通の調音点を使いながら、普通の発音のしかたで作られる子音ですませているのが日本語です。ですから、母音だけでなく子音の面でも、日本語はまことに普通の言語だと言うことができるでしょう。

ただし、先ほどの表には、「は行」「ら行」「や行」「わ行」そして「ん」の音をあげていませんでした。「や行」と「わ行」については、例えば「や」は、発音記号ではjaと書かれます。このjの音は、ほとんど母音のiと同じです。ただ、後に続くaと続けて発音されるだけです。「わ」についても、発音記号ではwaと書かれますが、このwは、やはり母音のuとほとんど同じ音です（英語でwのことを「ダブリュー」と言いますが、これはdouble u、つまりuが二つ並んでいるという意味です）。こういうjやwの音は、ほとんど母音だということで「半母音」と呼ばれます。要するに母音のi、uと同じ普通の音です。

「は行」の子音は、基本的にhだと思っておいてかまいません。このhの音は、摩擦音で無声なのですが、調音点が声帯（正確には声帯の間なので「声門」と呼ばれます）だというところが、他の子音と違います。ただ、この子音は世界中のたくさんの言語でも使われる、ごくありふれた音です。日本語で特殊なのは、「ひ」と「ふ」の音が、実際の発音では声帯で調音されないということです。「ひ」の調音点は歯と軟口蓋の間の「硬口蓋」と呼ばれる部分で、「ふ」の調音点は唇です。英語で使われるhの音は、すべて調音点が声帯ですから、この点については、日本語の子音にはいくらか変わったところがあるとも言えます。

「ら行」の子音は、発音記号ではrに似た文字で書かれます。「似た」というのは、本当の発音記号はrではないからです。発音記号としてのrは、日本語では「巻き舌」と呼ばれる、舌の先を歯のあたりで震えさせて出される音のことです。日本人にはこの巻き舌の音が苦手な人が多いのですが、世界の諸言語にはロシア語やイタリア語など、この音を使う言語は全然珍しくありません。一方、日本語の「ら行」の子音は、巻き舌のrと調音点は同じなのですが、舌先が震えません。ですから、rと似たような音ではあっても、発音のしかたが違うということで、ɾのような発音記号で表されます。ただし、この子音を使う言語が少ないというわけでもありません。韓国語やスペイン語など、相当数の言語でこの子音が使われます。

最後に残るのが「ん」ですが、この音だけは他の子音と比べるとかなり特徴的な性質をもっています。「ほん」や「てん」などで使われる「ん」の音は、発音記号ではNと書き表されます。この音は鼻音なのですが、調音点は軟口蓋の後ろにぶらさがっている「のどちんこ」（専門的には「口蓋垂」と呼ばれます）です。口蓋垂を調音点とする閉鎖音は、アラビア語などでも使われますし、「ん」のような鼻音も、アフリカの諸言語ではかなり使われていますから、英語をはじめとするヨーロッパ諸語では使われないものの、ひどく珍しい子音だとは言えません。

この「ん」に関して珍しいのは、後にどんな音が続くかによって発音が変わるということです。「ほん」（本）の後に「はこ」（箱）を続けて「ほんばこ」（本箱）とすると、「ん」は、同じ鼻音ですがmの音になります。「ほんだな」（本棚）だと、「ん」は今度はnの音になります。さらに、「ほんや」（本屋）になると、「ん」はiという母音を発音しようとしながら、同時に鼻にも気流を通す「鼻母音」（音発音記号はĩ）になってしまいます。

もともと「ん」は、中国語の単語を外来語として取り入れるときに、mやnなどの鼻音で終わる単語を、何とか日本人でも発音できるようにするために、恐らく平安時代初期頃に、新たに日本語に登場することになった音です。そういう理由で、「ん」には他の子音にない変わった特徴が備わるようになったのではないかと想像されます。

「は行」の子音がすべて同じではないこと、「ん」の発音が後続する音によってさまざまに変わること、という特別の場合を除いては、日本語の音はごくごく基本的なものだけを選んで使っていると考えることができます。それに、「は行」のうち「ひ」と「ふ」が違うと言っても、これを発音記号のhiやhuで表される音で発音したとしても、日本語を使う人間にとっては、いくらか普通とは違うかなと思う程度で、そのために単語の意味が通じなくなるということはありません。つまり、日本人の頭の中では「は行」の子音はすべて同じ(つまり同じ音素)であって、実際に発音するときに違いが出てくるだけなのです。これは「ん」についても同じことです。日本語を使う人間の頭の中には「ん」という一つの音があり、次にどんな音が来るのかによって、自動的にmで発音したり、nで発音したりするだけです。というわけで、「は行」の子音も「ん」の音も、理屈の上では一つだけだと考えても特に問題はありません。

単語を作る音列のしくみ

こう考えると、日本語で使われる子音の数は、学説によっては違う場合もあるのですが、全部で十三個だとすることができます。母音は五個ですから、結局のところ日本語の音は合わせて十八個になります。この数は、世界の諸言語の中でも、確かに少ないと言えます。しかし、少ないからと言って、単語の要素としての音列を作るに際して特に大きな困難が生じるわけではありません。

単語の要素としての音列に、母音を一つしか使わないとします。最も長い音列が五個の音からできている場合、発音のしやすさという点からすると、「子音+子音+母音+子音+子音」という構造になるはずです。三つ以上の子音が連続するのは、特別の場合を除いては発音がしにくいため避けられるのが普通です。音列がこの構造になっていて、連続する子音は、やはり発音のしやすさを確保するために、異なったものであるとすると、作ることのできる音列の個数は次のようになります。

$${}_{13}P_2 \times 5 \times {}_{13}P_2 = 13 \times 12 \times 5 \times 13 \times 12 = 121680$$

これで十万個の異なった音列を作ることは、とりあえずは可能です。しかし、先にも述べたように、どんな子音の組み合わせであっても、誰にでも簡単に発音できるというわけではありません。例えば、hと他の子音の連続などは、かなり発音が難しいと言えますし、鼻音と他の子音の連続も、例えばmsitnなどのような音列は、無理に発音すればできるかもしれませんが、今度は正しく聞き取る方が大変です。

ですから、母音の数が五個しかないとすると、その五個の音の中に母音が一つしかないのは、区別できる音列の数をかなりの程度制限することになってしまいます。母音の個数が少なく、さらに子音の個数も多くはないとなると、連続して発音することができる子音の組み合わせには制約があるのですから、結局は「子音＋母音」という組み合わせを使用するのが最も便利だということになります。音の組み合わせの基本単位を「子音＋母音」だとして、この単位が三つ連続した、六個の音から成る異なった音列の個数は、次のようになります。

13×5×13×5×13×5＝274625

こうして得られた二十七万個あまりの音列については、「子音＋母音」という非常に発音しやすい音の連続が基本単位なのですから、発音上の制約で可能な個数を減少させる必要はまずありません。つまり、「子音＋母音」の連続を基本単位としておけば、「かたな」(katana)や「さくら」(sakura)のような音列(文字で言えば、ひらがな三個を並べて作られる連続ということです)だけで、必要なだけの数の音列を十分にまかなえるということになります。もちろん、基本単位を三つ並べると、音の合計は六個ですから、音列としては少し長くなります。しかし、母音五個、子音十三個という少ない数の音を並べて、十万個以上の異なった音列を作るためには、この方法が最も無駄がない効率的なものだということは間違いありません。

そしてまさに、日本語は「子音＋母音」を基本単位として音列を作る方法を採用しているのです。仮名(ひらがなとカタカナ)は、「け」の発音がke、「の」の発音がnoであることからも分かるように、「子音＋母音」という音連続の基本単位を一文字で表したものです。ですから、一つの音を一つの文字で表すのが基本の、ローマ字とはしくみが違います。このようなしくみの文字を

「音節文字」と呼ぶのですが、日本語で音節文字としての仮名を使うことができるようになったのは、日本語が採用した音の並べ方の基本単位が、子音と母音の連続という構造になっているからなのです。

このように、音列のしくみについても、少ない数の音を発音しやすく並べることで、必要な個数の異なった音列を確保するという効率的な方法を、日本語は取り入れているものと考えることができます。

日本語の文字

「子音＋母音」（例えば、ta）、「母音＋子音」（英語のat、inのような単語を作る音列）、あるいは「子音＋母音＋子音」（日本語の「きん」（kiN）、「さん」（saN）のような音列）のように、母音一個を中心として、その前後に子音が置かれた音の単位を「音節」と言います。日本語の音節は「子音＋母音」が基本ですから、先ほども述べたように、一つの音ではなくて一つの音節を表す仮名のような文字を使うことができるわけです。なお、子音がなくて母音一個だけでも一つの音節を作ることは、当然できます。母音だけの音節を表すための仮名が「あ」「い」「う」「え」「お」です。

日本語の音節は基本的に子音と母音という二つの音の連続ですから、仮名一文字で二つの音に対応しています。ローマ字は一文字が一つの音に対応していますから、同じ数の音を表すのであれば、仮名の方がローマ字の半分ですみます。つまり、仮名は日本語がもつ音列の基本構造に効率的に対応した合理的な文字だと言えます。

「やま」「かわ」「とぶ」「いく」のような、日本語に最初からあった、いわゆる「和語」だけが現代日本語の語彙を構成しているのであれば、仮名だけでも現代日本語を十分に分かりやすく表記できただろうと思われます。

ところが日本語の語彙には、中国から借用された「漢語」が大量に含まれています。漢語はもともと中国語で発音されていたものを、日本語の音のしくみに合わせて発音を変化させたものです。中国語の音節には「声調」(高低の音調)の区別があって、同じ子音と母音の連続であっても、声調が違えば異なった音節として認識されます。ところが日本語には声調の区別がありませんから、異なった声調を与えられた同じ子音と母音の連続(音節)は、日本語ではどれも同じ音節になってしまいます。しかも、漢語が導入された当時の中国語には、子音で終わる音節がたくさんありました。しかし、日本語には子音で終わる音節がありませんでしたから、中国語では異なった音節であっても、日本語だと同じ音節になってしまうこともよくありました。m、n、ŋという鼻音で終わる音節を日本語に導入するために、「ん」という音が新たに作られたのですが、三つの鼻音が「ん」という一つの音に置き換えられたのですから、中国語では異なった音節でも、日本語では同じ音節になってしまいます。

このように、中国語と日本語では音のしくみが異なり、中国語では異なった音節でも、日本語では同じ音節になってしまうことが多かったという理由で、漢語にはたくさんの同音異義語が生まれることになりました。「こうせき」という発音には、「功績」「鉱石」「口跡」「航跡」「洪積」「後席」「光跡」「砿石」という漢語が対応したり、「そうとう」という発音には、「相当」「総統」「争闘」「掃討」「想到」「双塔」「双頭」「相等」「掃蕩」という漢語が対応するなど、いちいち例をあげるまでもなく、日本語には同音異義語が非常にたくさんあります。

たとえこのような漢語の同音異義語を全部同じ仮名で表記したとしても、文脈で区別できる場合はかなりあります。「かれにはすばらしいこうせきがある」と言えば、「こうせき」は「功績」のことでしょうし、「ここではよいこうせきがとれる」と言えば、同じ「こうせき」でも「鉱石」または「砿石」を意味するのだろうと容易に推測することができます。しかし、「これはすばらしいこうせきだ」のような文中で使われる「こうせき」が一体どの意味なのかは、この文だけからではほとんど分かりません。

漢語をきちんと漢字を使って表記すれば、このように意味が分からなくなる心配はありません。ですから、漢語を漢字によって書き表すことは、文の意味を正確に、しかもすばやく理解してもらうためには、まことに効率的な手段だと考えることができます。

後になると、中国語の発音を反映した漢語だけでなく、日本古来の和語も漢字を用いて表記するようになります。「山」「川」「猫」「歩く」「鳴く」「大きい」「早い」などがそうです。和語に漢語を当てる場合には、似たような意味の単語でも中国語と日本語では対応する音列は全く違うのですから、漢字の意味だけを取り入れて、これに結びつく音列は日本語のものになります。このように、結びついている音が中国語本来のものではなくて日本語であるものを「訓読み」の漢字と呼び、中国語の音が結びついた漢字を「音読み」の漢字と呼ぶわけです。

漢字と仮名の使い分け

音読みであれ訓読みであれ、日本語で漢字を使って表記されるのは、名詞、動詞、形容詞、副詞が基本です。これらの品詞に属する単語は、全体として「内容語」と呼ばれます。内容語というのは、要するに内容をもつ単語ということなのですが、名詞であれば具体的な事物を指しますし、動詞であれば、やはり具体的な動きや状態を指し示します。動きや状態というのは、「あるものが動く」とか「あるものがこういう状態にある」という事態を表すものと考えることができます。となると、内容があるというのは、ある特定の種類の事物(モノや事態)を表すという性質だと考えることができます。

形容詞や副詞についても、「赤い」であれば「ある事物が赤い色をしている」という事態を表しますし、「ゆっくり」であれば「ある事物が動く速さが遅い」という事態を表しています。ですから、形容詞や副詞も、動詞と同じように、ある特定の種類の事態を表すものと考えて差し支えありません。つまり、これらの品詞に属する単語も内容語としての性質をきちんと備えているということです。

内容語に対して、「が」「を」「に」「で」「は」「も」のような助詞、「た」「られる」「させる」「ようだ」のような助動詞を「機能語」と呼びます。「機能」という用語が使われているのは、「文法的機能」を表すからだということなのですが、それでは文法的機能とは何かということが問題になります。文法的な機能を一言で説明するのは難しいのですが、まず「が」「を」「に」「で」のような格助詞は、文が表す事態の中に含まれる事物の意味役割を表す単語です。「が」であれば事物が主体であることを表しますし、「を」であれば事物が対象であること、「に」であれば、モノや作用の受け手、あるいはモノが存在する場所、「で」であれば、事態が起きる場所、または事態を起こすための道具を表します。

主体、対象、場所、道具などの意味役割は、原則としてすべての事物がもつことができる働きです。「山」という名詞が表す事物ならば、「山がそびえる」であれば主体ですし、「山を見る」であれば対象、「山で遊ぶ」であれば場所、「山で金を儲ける」であれば道具です。助動詞の「た」であれば、これは事態が「過去」に起こったという性質を表します。助動詞の「らしい」であれば、ある事態が成立している可能性があるという性質を表します。そして、これらの助動詞が表す性質は、やはり原則としてすべての事態がもつことができるものです。

このように、名詞や動詞などの内容語が、非常に限定された範囲の事物や事態を表すのに対して、助詞や助動詞などの機能語は、すべての事物や事態に当てはまりうる性質を表します。文が表す事態の中で重要なのは、事態を特定のものに限定する役目を果たす内容語であることはもちろんです。

したがって、日本語で書かれる文章で、内容語を漢字で、機能語をひらがなで、という具合に使う文字を区別するのは、まずは単語がもつ意味的な性質の基本的な分類を反映しているものだと考えることができます。また、漢字はひらがなより字形が複雑なので、視覚的に目立ちます。このことから、文章を読むときには、まず漢字が目に入ってくるわけです。そして、漢字が表しているのは、事態の重要な部分を表す内容語なのですから、文章の意味を理解するために重要となる要素を目立たせる働きをすることになり、漢字とひらがなの使い分けをしない場合よりも、理解の過程が効率的になります。

現代日本語の文章では、漢字とひらがなだけでなく、カタカナも使われます。カタカナは基本的に外来語を書き表すために使われるのですが、「テレビ」「コンピューター」「ブログ」などの外来語は、原則として名詞です。名詞は内容語ですから、視覚的に目立たせるためには漢字で表記した方が目立つのですが、外来語は、外国語(主として英語)の単語の音列を日本語で発音しやすいように置き換えただけのものですから、漢字で表記することはできません。それでも、ひらがなとカタカナは字形が異なりますから、外来語をカタカナで表記することは、和語や漢語とは違う特別な種類の単語を視覚的に目立たせる効果をもつことができます。

このように、書かれた日本語の文章で、漢字とひらがな、カタカナという三つの種類の文字を使い分けることは、ローマ字だけで表記される西洋諸語や、漢字だけで表記される中国語などに比べて、確かに文字の体系としては複雑です。しかし、あえて体系を複雑にすることにより、文章の効率的な理解を可能にするという利益がもたらされるのです。

第三章

chapter 3

日本語の単語

日本語の品詞

単語を一列に並べて文を作り、事態の部分としての単語の意味を組み合わせて事態を構成するというのが、言語に共通の性質です。

事態を構成する要素については、第一章で説明しましたが、もう一度あげておきます。

(1) 事態を構成する要素

①事態基(主体とそれ以外の集合との関係)
②事物の集合
③意味役割(事態中で事物の集合に与えられる働き)
④成立時区間(現在、過去、未来)
⑤全体性(事態の全体、部分)
⑥成立可能性

ここにあげた事態を構成する要素の性質は、それぞれ異なっています。事態の構成要素に対応するのが単語ですから、単語もそれに応じて分類されます。こうして単語を分類したものが品詞であるわけです。

事態の構成要素と品詞との関係については、第一章で説明しましたが、本章では、日本語の品詞についてさらに詳しく見てみることにします。

事態基を表すのは、英語をはじめとするヨーロッパ諸言語では「動詞」です。日本語の動詞も、やはり事態基を表します。ただし、日本語で事態基を表すのは動詞だけではありません。次の例を見てください。

(2) 太郎が走る。

(3) 太郎が賢い。

(4) 太郎が学生だ。

(2)では「走る」という動詞が事態基を表していますが、(3)では「賢い」という形容詞が、(4)では「学生」という名詞が事態基を表しています。次に、同じ意味を英語で表すと次のようになります。

(5) Taro runs.

(6) Taro is clever.

(7) Taro is a student.

英語だと、(5)には run、(6)と(7)には is という動詞があって、この動詞が中心となって事態基を作っているように見えます。しかし、意味をよく考えてみると、事態基を作っているのは、(6)では is clever の部分なのだと考えなければなりません。is だけでは、「太郎がある状態にある」ということが分かるだけで、その状態が一体何なのかは表されません。動詞 is の後に形容詞 clever があることではじめて、「誰かが賢い状態にある」という事態の枠組みが作られるのです。したがって、(6)で事態基を表す中核となっているのは、動詞 is ではなくて、形容詞 clever だと考えることができます。同じように(7)でも、事態基を表す中核となっているのは、student という名詞だと考えるべきです。

このように、日本語でも英語でも、事態基を作っているのは動詞だけではないので、事態基を表す包括的な品詞として「述語」という用語が作られています。述語という品詞は一般的ではありませんが、言語が事態を表すための手段だという基本を出発点にすると、事態の特性としての集合間の関係を表す働きをする事態基に対応する単位としての、「述語」という分類は必要なものです。

ただし、名詞はいつでも述語として働くのではなくて、主語や目的語として働くこともできます。形容詞も、「賢い子供」「赤い花」のように、事態基を表すというよりも、名詞のすぐ前に置かれて事物の性質を表す働きをする場合もあります。ですから、述語という単位は、名詞、動詞、形容詞と同じ資格ではないにしても、これらの品詞と文の中間に位置する単位だと見なすべきところです。

次に、事態に含まれる事物の意味役割を表す品詞としては、日本語では「格助詞」があります。伝統的に格助詞と呼ばれている「が」「を」「に」「で」「へ」「から」「より」は、それぞれ「主体」「対象」「場所、目的地」「道具、場所」「目的地」「起点」「起点」という意味役割に対応していますから、格助詞に分類して問題のないものです。これらの格助詞に加えて、「花子の本」という表現で使われている「の」も、伝統的には格助詞に分類されてきています。「花子の本」は、「本」という事物が「花子」という人間の所有する事物の中に含まれているという意味を表していますす。このことから、「事態の中での事物の働き」を表すという他の格助詞と「の」は、その点で基本的な働きが同じではありません。

ただ、第一章で事態の成り立ちの説明をしたときにも述べたように、「対象」というのは、主体である事物との関係によって決まってくる性質です。また、場所や道具などの働きにしても、主体である事物がどのようにして事態を成立させるのかを表すのですから、やはり主体との関係がその性質を決めると考えることができます。そもそも、主体というのは、他の事物と何らかの関係をもっと判断される事物を、述語を決定する要素として話者が選択したものです。したがって、主体であれ対象であれ、あるいは場所や道具であれ、広く捉えれば事物の間にどんな関係があるのかを表したものだと考えることは可能です。だとすると、「の」が表す「所有」の働きも事物の間の関係を表しているのですから、「の」を格助詞の仲間だとすることに、特に大きな問題はないと思われます。

事態が成立する時区間を表す単語としては、日本語には「た」があります。この単語は、日本語の伝統的な文法(国文法)では、「活用する付属語」なので「助動詞」として分類されています。国文法の品詞分類では、今ここで説明しているような、事態の部分として単語がどのような性質をもっているかという基準以外にも、活用するかどうかというような別の基準も使われています。ですから、品詞の考え方も本書とは少し違います。ただ、事態が成立する時区間を表すという性質を「事態全体の性質を表す」という、より一般的な性質に言い換えて、この性質を表す単語を「助動詞」という品詞なのだとすれば、「た」の品詞を助動詞だとすることはできます。

事態の全体性については、日本語はどんな品詞を用いるのでしょうか。次の例を見てみましょう。

(8) ネコが鳴いた。

(9) ネコが鳴いていた。

(8)の「鳴いた」は、動詞「鳴く」に助動詞の「た」がついた形で、事態の全体が成立したことを表しています。事態の部分が成立したことを表しているのは、(9)の「鳴いていた」です。この形で、助動詞「た」は過去の時区間で事態が成立したことを表すのですから、事態の部分が起こったことを表しているのは「てい」だということになります。

「てい」のうち、「て」は接続助詞だと考えてよく、特別の意味をもっているわけではありませんから、事態の部分を表す働きをするのは「い」です。この「い」は、動詞「いる」の一部(正確には「語幹」と呼ばれます)で、国文法では「補助動詞」に分類されています。どうしてこの名前で呼ばれているのかというと、「いる」は、動詞としては「(生き物が)存在する」という意味を表すのに、「鳴いている」のような場合は、他の動詞に後続して事態の部分を表すという、特別の働きをしているからです。

しかし、このような働きは、結局のところは助動詞と同じなのですから、動詞に後続して事態の部分を表す「いる」を、助動詞の一種だと見なしたとしても、特に差し支えはなさそうです。それでは、事態の成立可能性を表す単語が属する品詞は、日本語ではどうなっているのでしょうか。次の例を見てください。

(10) 今度の電車は遅れるらしい。

(11) 明日は雨が降るようだ。

これらの例で使われている「らしい」や「ようだ」のような単語は、事態が成立する可能性を表しています。しかも、単独で述語になっているわけではなく、「遅れる」「降る」という動詞に後続していますから、「た」と同じように助動詞に属すると考えることができます。

ただ、動詞に後続して事態の成立可能性を表す表現としては、次のようなものもあります。

(12) 太郎は来ないかもしれない。

(13) 花子は試験に合格するに違いない。

「かもしれない」は、事態の成立可能性が低いことを、「違いない」は、事態の成立可能性が高いことを表しています。これらの表現は、「か―も―しれ―ない」「違い―ない」のように、さらにいくつかの単語に分割できますから、一つだけの品詞に属させることは、本来は不可能です。しかし、全体として事態の成立可能性を表しており、単独で使われることはありませんし、最後の「ない」は活用する付属語である助動詞ですから、これらの表現についても、助動詞の一種だと見なすことにしておきます。

事態全体の性質を表す働きをもつ品詞は、助動詞だけではありません。例えば「さっき」や「かつて」のような単語は事態が過去に成立したことを表しますし、「きっと」や「多分」のような単語は、事態が成立する可能性を表します。しかし、これらの単語は助動詞ではなく、副詞に属するとされるのが普通です。

これらの副詞と「た」や「らしい」の違いは、「さっき」や「多分」のような副詞がそれだけで独立して使われることができるのに対して、「た」も「らしい」もこれだけでは独立して使うことができず、「見た」や「行くらしい」のように、必ず動詞(正確には述語)と一緒になってしか使うことができないということです。したがって、単独ではなく動詞と一体になって一つの単位を構成するという性質も、助動詞の定義の中に含めなければならないわけです。

事態の中でどのような働きをもつかという性質だけをもとにして、日本語の品詞を定義することができないとなると、品詞の定義がもつべき普遍性が弱まってしまうようにも思えます。確かにそうなのですが、日本語の単語を分類する上で、独立して使うことができるかどうかというのは、文を構成する単語の並び方を考える上でも重要な性質ですから、やはり無視するわけにはいきません。ですから、助動詞の定義の中に、単独では使えないという性質を含めることは、単語の意味だけではなく、単語の並び方を言語の重要な性質だと見なすのであれば、日本語の特徴を明らかにしようとする過程では必要なことだと言えるでしょう。
以上の説明をまとめて、日本語の品詞の定義を表にしてみましょう。

①事態基		述語(動詞、形容詞、名詞)		
②事物の集合		名詞		
③事態中での事物の意味役割		格助詞		
④事態が成立する時区間	独立性あり	副詞	独立性なし	助動詞
⑤事態の全体性	独立性なし	助動詞		
⑥事態が成立する可能性	独立性あり	副詞	独立性なし	助動詞

日本語独特の品詞

名詞、動詞、形容詞、副詞、格助詞、助動詞が、日本語の品詞の基本です。ところがこれ以外にも、国文法にはいくつかの品詞が設定されています。それが「形容動詞」「連体詞」と格助詞以外の助詞「副助詞」「接続助詞」「終助詞」です。果たしてこれらの品詞が日本語の品詞として妥当なものかどうかを検討してみましょう。

①形容動詞

まず「形容動詞」ですが、これは「静かだ」「暖かだ」のような単語で、働きは形容詞と全く同じです。「この部屋は静かだ」「沖縄の冬は暖かだ」のように述語として働くこともできますし、「静かな部屋」「暖かな沖縄の冬」のように、名詞の前に置いて事物の性質を表す働きをすることもできます。「賢い」や「大きい」のような形容詞との違いは、述語として使われるときの形(要するに「終止形」)が「い」で終わるか「だ」で終わるかということが一つあります。それから、名詞のすぐ前に置かれるときには、形容詞であれば「賢い子供」「大きい家」のように、述語のときと変わりはありませんが、形容動詞だと、先ほどの例にあるように「静かな」「暖かな」という具合に「だ」ではなく「な」で終わる形になります。ただ、どちらにしても形だけの違いで、単語としての働きには全く違いがありません。だとすると、形容動詞という品詞をわざわざ設定する必要はないと考えた方がよさそうです。日本語教育では、普通の形容詞を「イ形容詞」、形容動詞を「ナ形容詞」と呼んでいますが、名称はともかくとして、形容動詞という品詞を形容詞とは違ったものとして独立させておくことに合理的な根拠はないと言えます。

②連体詞

「大きな」「いわゆる」のような単語は、「連体詞」と呼ばれます。これらの単語は「大きな家」

「いわゆる談合」のように、名詞のすぐ前に置いて事物の性質を表す働きをしますから、形容詞の一種であることに間違いはありません。しかし、「この家は大きな」「この談合はいわゆる」のように、「大きな」「いわゆる」は述語として使うことはできません。このように、使い方に制限があるし、形容詞と違って「い」で終わるわけでもないことから、国文法では形容詞と異なる独立した品詞として分類されているわけです。

述語として働くことができるのは、日本語の形容詞の大きな特徴です。だからこそ、「楽しい遠足」とも言えれば「楽しかった遠足」とも言えるのです。これが英語であれば、英語の形容詞は単独では述語として働くことはできませんから、「楽しかった遠足」のような意味は、日本語と同じ「形容詞＋名詞」という簡単な方法で表現することはできません。だとすると、形容詞的な働きをすることができるとしても、その最も重要な部分である述語としての働きを欠く「大きな」のような単語を、「連体詞」という別の品詞に分類することには妥当性があるとも考えられます。ただ、英語の単語にも wooden（木製の）や fake（偽物の）のように、名詞の前には来ることができるけれども、述語の中心にはなれないものがあるのですが、こういう単語も形容詞の仲間に入っています。ですから、連体詞を用法が制限された形容詞の一種だと見なすこともできないわけではありません。どちらが合理的なのかは、簡単には判断がつかないのですが、品詞というのは何万もある単語を分類したもので、分類というのは、それが目的なのではなくて、後で他の分析に使うための道具に過ぎません。だとすると、分析に際して大きな支障がない限り、できるだけ少ない数の分類が設定されている方が、道具立てとしては効率性が高いはずです。

しかも、連体詞に含まれるとされる単語は、今あげた以外には「小さな」「いろんな」「たいした」「すぐれた」「ある(「ある人」などの「ある」)」「その」「この」「あの」「どの」など、ほんのわずかしかありません。そう考えると、連体詞という独立した品詞を設けるよりは、機能が制限された一群の形容詞だとする方がいいのではないかと考えられます。

③副助詞

次に「副助詞」ですが、「は」「も」「しか」「だけ」「さえ」「ばかり」などの単語がこの品詞に属するとされます。これらの単語の働きは、一つの文が複数の事態を表すようにさせるというものです。次の例を見てみましょう。

⒁ 花子も来た。
⒂ 花子しか来なかった。
⒃ 花子は遊んでばかりいる。

⑭が表す事態は、「花子が来た」だけではなくて「花子以外の人間が来た」というものです。つまり⑭で、主語を表す格助詞の「が」を「も」に置き換えることによって、「が」の場合には一つだった表される事態が、「も」を使うことで二つになるわけです。⑮については、「花子が来た」という事態と、「花子以外の人間は来なかった」という二つの事態が表されます。⑯であれば、「花子が遊んでいる」という事態と「花子は遊ぶこと以外はしていない」という、やはり二つの事態を表しています。

同じだけの情報を与えるのであれば、一つの文だけですませられる方が、複数の文を使うよりは表現の上で効率的であることは間違いありません。ですから、「も」「しか」「ばかり」のような単語が日本語にあるのは、まことに便利なことだと言えます。これらの単語は、名詞の後に置かれたり、⑯のように動詞の後に置かれたりしますが、格助詞と同じく単独で使われることはできません。しかも、一つの事態についてその性質を表すというわけではなく、ある事態に加えて別の事態を表すという働きをするのですから、働きという性質だけから考えると、助動詞というよりは、助詞に近いと言えます。

もちろん、「が」や「を」などの格助詞とは違って、事態の中での事物の働きを表すのではなく新たな事態を追加するのですから、格助詞と同じ「助詞」という分類に入れていいのかという問題はあります。このため、日本語学では「とりたて詞」と呼ばれることもあるのですが、そもそも「とりたて」とはいかなる性質を意味するのかという正確な定義はないので、この名称を使うことも、必ずしも適切とは言えません。となると、他の新しい品詞を設定した方がいいということになるのですが、格助詞と同じ位置で用いられることも多いし、いたずらに品詞の数を増やすことが望ましいとは言えませんから、助詞の一種だと見なすのもしかたがないように思われます。

ところで、「は」を「も」や「しか」と同じ副助詞の仲間だとすることには問題があるのではないかと考える人もいるでしょう。確かに、「太郎は学生だ」のような文だけを見ると、これが複数の事態を表すと考えるのは難しいような気もします。しかし、次の例を見てみましょう。

⒄ 気温は高い。

⒅ 太郎は学校は出ている。

⒄は、「気温が高い」という事態だけでなく、他にも例えば「風が強い」とか「天気が悪い」のような事態を表していると考えることができます。⒅についても同じように、「太郎が学校を出ている」という事態だけでなく、「太郎は常識がない」とか「太郎はまともな職についていない」などの事態のうちのどれかを表しています。これらの例では、確かに「は」を使うことで複

数の事態が表されていると考えて特別の問題はありません。「も」や「しか」と違うところは、表される別の事態が一つに限定されず、いくつかの選択肢が与えられるということです。

「太郎は学生だ」という文に関しても、例えば「この部屋には太郎、次郎、博、花子、美智子の五人がいる」という文脈があって、この文が言われたのだとすると、「太郎以外の人間は学生ではないかもしれない」という事態が表されていると考えることができます。したがって、他の副助詞とは少し性質が違うものの、複数の事態を表すという点では、「は」も副助詞の仲間だと考えて差し支えはなさそうです。

④接続助詞

「ので」「から」「ば」「て」「が」のような単語は、「接続助詞」と呼ばれます。次の例のように、述語の末尾に置かれることで、二つの文を「接続する」働きをすることからこの名前がついています。

(19) 晴れていたので、散歩をした。
(20) お金を払えば、商品がもらえる。
(21) 気分が悪かったが、仕事にでかけた。

⒆は「晴れていた」と「散歩をした」、⒇は「お金を払う」と「商品がもらえる」、(21)は「気分が悪かった」と「仕事に出かけた」という、それぞれ二つの文が接続されて一つの文になった表現です。

二つの文を接続する働きをする単語は、普通は「接続詞」という品詞に属するとされます。日本語でも「そして」「だから」「しかし」などの単語が接続詞だとされているのですが、接続詞は単独で使われて、一つの文になることさえできます。

(22) A「この仕事ちゃんとやってくれよ」
B「だから〜」
A「だから何だよ」
B「仕事はいつもちゃんとやってるじゃないか」

これに対して、「ので」のような単語は、決して単独で使うことはできません。しかも、二つの文、正確にはそれらの文が表す事態を接続して、二つの事態の間に何らかの関係があることを表す、さらに大きな事態を作るという働きをしています。この働きは、例えば「晴れていたので」という表現ならば、「晴れていた」という文が表す事態が、別の事態の「理由」だということを表す働きです。ということは、「ので」は「晴れていた」という文が表す事態の全体について、その性質を表す単語だと見なすことができます。

だとすると、「ので」「から」「ば」のような単語は、「助詞」よりは「助動詞」の定義に合うようにも思われます。確かに、事物の働きを表すのが助詞で、事態の性質を表すのが助動詞だという分類を当てはめようとすると、助詞が格助詞だけならば問題はないのですが、副助詞や接続助詞については必ずしもうまく当てはまりません。実際、国文法での助詞と助動詞の分類基準は活用するかどうかという、語形をもとにした基準だけで、両者の働きにどんな性質の違いがあるのかに基づいているのではありません。

したがって、もし助詞と助動詞という品詞に一般性をもたせようとするならば、むしろ両者を区別せずに「助辞」のような統一的な品詞を設定した方がいいのではないかと思います。こうすると、助詞についてはそれをすべて助辞に置き換えるだけですみますし、事態の成立時間を表す助動詞は「時間助辞」あるいは「時制助辞」、事態の成立可能性を表す助動詞は、「可能性助辞」あるいは、言語学の用語に従って「法助辞」のように言い換えることができます。

⑤終助詞

最後に、「ね」「よ」「ぞ」「ぜ」のような「終助詞」と言われる助詞は、やはり日本語に特有の品詞です。終助詞は、事態に対して発信者がどのような判断をしているのかを表すために使われます。

(23) 今日は天気がいいですね。

(24) 財布を落としましたよ。

「ね」は、受信者(聞き手)が知っていると判断している事態を表す働きをします。誰かと会ったときに(23)を言うのであれば、受信者であるその誰かも、当然「今日は天気がいい」という事態を知っているはずです。

「よ」は、受信者が知らないと判断される事態を表す働きをします。財布を落としてそのまま歩き去ろうとしている人に(24)を言うのだとすると、財布を落としたその受信者は、「(自分が)財布を落とした」という事態を知らないはずです。

このように、終助詞についても、事態全体についての性質を表す働きをするものと考えることができます。だとすると、終助詞も「終助辞」という品詞名で呼んでおいて、特に問題はなさそうです。

単語の活用

事態の中でどんな働きをするのかという性質に基づいて、単語を分類したのが品詞でした。品詞の設定は、ある言語で使われている単語の性質を正しく解明するという目的のためにも重要なのですが、それだけでなく、文を作っている単語の並び方にどんな規則があるのかを表すためにも必ず必要な過程です。

文を作っている単語の並び方を一定の方法で表したものを、文の「構造」と呼びます。日本語の文の構造がどのようになっているのかを考える例として、次の文を見てみましょう。

(25) ネコが魚をとった。

この文がどんな構造をもっているのかを示すためには、まず単語に切り分けることが必要です。単語の間に—を入れて表してみます。

(26) ネコ—が—魚—を—とっ—た

それぞれの単語の品詞は、次のようになります。品詞名は、先に検討しましたが、馴染みのない用語を使うとかえって分かりにくくなるので、国文法で使われている用語を使うことにしておきます。

(27) ネコ：名　詞
が：格助詞
魚：名　詞
を：格助詞
とっ：動　詞
た：助動詞

単語が属する品詞については、特に問題はありません。ただ、一つ気になるのは、「とっ」という語形です。これが動詞であることに間違いはありませんが、辞書に書いてある語形は「とる」です。この「とる」が、後ろに「た」という助動詞が来ることによって、「とっ」という形に変わっているわけです。

このように、同じ単語なのに語形が変化することを「活用」と呼びます。ヨーロッパの諸言語やアラビア語などのセム系諸語などでは、主語の人称や時制(事態が成立する時間を表す動詞の形）などによって動詞が活用したり、事態の中での働きによって名詞が活用したりします。ですから、動詞や名詞の活用形それぞれに、他の活用形とは違った文法的な働きが与えられるわけです。

日本語の活用は、今述べたような活用とは性質が違います。動詞や形容詞、あるいは助動詞が、後にどんな単語が来るかによって語形を変えるのが、日本語の活用です（ただ「行け」「見ろ」などの命令形は別ですが）。活用形が違うからと言って、特に意味までも違ってくるわけではありません。

それでは、どうして日本語の動詞や形容詞が活用するのかというと、それはこれらの品詞に属する単語が、述語として働くことができるという性質と関係があるのではないかと考えられます。また後で詳しく説明しますが、日本語の述語は文の最後に置かれる決まりになっています。もし述語が活用しなくて、いつも「とる」や「大きい」のような語形だったとすると、こういう述語が文の終わりの方にあるとき、文がもうそれで終わるのか、それともまだ後に続く単語があるのか、述語の形だけでは決められません。

次の例を見てください。もし日本語に活用がなかったとして、仮に作ってみた文です。

(28) ネコが魚をとるたようだた。

(29) その家はもっと大きいたて言うているた。

「とる」が活用しないでいつも同じ語形だと、「〜魚をとる」で文(28)が終わることもできるはずです。それなのに後に「た」が来て、まだ終わっていなかったことが分かります。次にまた「ようだ」が来ていますが、活用がないのですから、ここでやはり文が終わることもできます。ところがそうではなくて、次に「た」が来て、やっとここで本当に文が終わっています。

(29)についても同じで、「大きい」という形容詞の述語で文が終わることもできるのに、次に「た」が来ていて、文はまだ終わっていません。それではこの「た」で終わるのかと思うと、次に接続助詞の「て」が来ています。接続助詞では文が終わることはありませんから、次に何らかの単語が来るはずなのですが、それが「言う」です。この語形で文が終わることはできます。しかしまた「て」が来て、終わっていないことが分かります。しかし次には「いる」があるので、これで終わりでも構いません。ところがその後に「た」が来て、ここでやっと文が終わります。

ここで見ているように、文字で書かれると文の終わりが見えますから、活用がなくても文がどこで終わっているのかは分かります。しかし、これが話し言葉だと、これから単語がまだ言われるのかどうかは分からないのですから、活用がないことで、文が終わるかどうかが非常に分かりにくくなることは確かです。

つまり、同じ一つの動詞や形容詞あるいは助動詞が、異なった活用形をもつことで、文がそこで終わるのか、それともまだ続くのかがきちんと区別できるわけです。日本語のように、動詞や形容詞の後にいくつもの単語をさらに並べることができるようなしくみになっている言語の場合には、後に続く単語によって異なった活用形をとることは、文を理解する上では便利なことだと考えられます。恐らくこういう理由で、活用形そのものには特に独自の意味はないのに、日本語に活用というしくみが備わっているのではないかと思います。

ただ、単語の並び方の規則を考える場合には、日本語の活用形には文法的な働きがないのですから、動詞や形容詞が文中でどんな活用形をとっているのかは、それほど重要な情報ではありません。したがって以下では、単語の活用形のことは、基本的には考慮に入れないことにしておきます。

名詞の性質

名詞が、事態の構成要素としての事物の集合を表すために使われる単語だということは、どんな言語にも共通です。日本語にしてもそれは同じなのですが、他の言語と比べてみると、事物にはまた別の性質もあることが分かります。次の英語の例を見てください。

(30) I bought books at a bookstore.
(31) There is someone at the door.

これらの文を日本語に置き換えると、次のようになります。

(32) 私は本屋で本を買った。
(33) 玄関に誰かいる。

(32)で使われている名詞は、「本屋」と「本」ですが、同じ意味の英文では、a bookstoreとbooksが対応しています。「本屋」を意味するbookstoreの前には不定冠詞のaが置かれ、「本」を意味するbooksは、冠詞を伴っておらず、語尾にsの付いた複数形になっているところが、日本語との違いです。

(33)では、日本語の名詞「玄関」に対して、英語ではthe doorのように、定冠詞theが単数形の名詞doorに先行しています。

これらの例が示している英語と日本語の名詞の違いは、英語では単数形と複数形の違いがあることと、名詞の前に冠詞が先行することがあることです。名詞の単数形と複数形については、名詞が指示する事物が、個数を数えられる個体であることは共通ですが、個体の個数が一個かそれとも二個以上かという違いがあります。

英語の名詞に先行する冠詞には、不定冠詞と定冠詞があります。不定冠詞は、個体が一個であり、個体が属する集合の中で、その個体がどれであるのかを受信者(聞き手)が知らないということ(事物が「不定」であること)を表します。一方、定冠詞は、名詞の指す事物が個体であれ、事態であれ、事物が属する集合の中で、その事物がどれなのかを受信者が知っているということ(事物が「定」であること)を表します。事物の集合の中で、どの事物を指すのかを受信者が知っているかどうかという性質を「定性」と呼びます。ですから、冠詞は名詞の表す事物の定性を表すための品詞だということです。

事物の個数や定性は、誰にでも容易に分かる事物の性質ですから、それを表すための特別の方法(名詞の語形変化や冠詞)をもっている、英語のような言語があることは十分に理解できます。

一方で日本語は、事物の個数や定性を表すための特別の方法をもたないという特徴をもつ言語です。個数や定性は、それなりに重要な事物の性質であるようにも思われるのですが、どうして日本語にはこれらの性質を表すための方法がないのでしょうか。

その理由を完全に解き明かすことは難しいのですが、恐らく、事物の個数や定性は、文が使われる状況と、話し手がもっている知識をもとにして、比較的簡単に推測できるからなのではないかと思います。

(32)については、この発信者(話し手)が買った本を、すべての本の集合の中から選択して指し示すことができる人間は、話し手以外にはいないのが普通です。ですから、不定冠詞が先行していなくても、「本」が指す事物が不定であることは容易に分かります。「本屋」についても、聞き手が話し手と特別に親しくて、聞き手がある特定の一軒の本屋でしか本を買わないことを知っているというような、非常に特別の場合を除いては、「本屋」がどの個体を指し示すのかを知っている人はいないのが普通です。したがって、この名詞についても、表す事物が不定だということは簡単に理解できます。

(33)の場合、この文を今ここで読む読者の皆さんには、「玄関」がどの個体を指し示すのかを知らないのは当然です。しかしだからと言って、「玄関」が指す個体が不定だということにはなりません。この文が実際に適切に使われる状況を考えてみましょう。この文が使われるとしたら、それは、発信者と受信者が同じ建物の中にいる場合が普通です。あるいは、例外的な状況ではあるでしょうが、発信者が受信者に電話でこの文を発しているという場合も考えられます。しかしその場合でも、発信者がどの建物にいるのかを受信者が知っているものと考えることができます。

つまり、受信者は発信者がいる建物が、すべての建物の集合の中でどの個体を指すのかを知っているわけです。だとすると、一つの建物には玄関が一つしかないのが普通ですから、「玄関」という名詞についても、それが指し示す個体が一個であって、それがどの個体なのかを受信者は知っていることになります。つまり、定冠詞がなくても、「玄関」が指し示す個体が定であることを、文が使われる状況と一般的な知識から、受信者は正しく理解できるということなのです。

名詞の単数形、複数形の区別がなく、冠詞をもたないことは、日本語の名詞が与える情報が、英語のような言語に比べて少ないことを意味しているのは確かです。けれども、名詞が表す事物が何であるのかを知ってさえいれば、文が使われる状況と一般的な知識を用いることで、このような情報を十分に補完することができます。単複の区別をしたり冠詞を使ったりする場合、そうでない場合よりも区別しなければならない語形や単語の数が増加します。ということは、日本語は、名詞が表す事物の性質に関しては、状況や知識を活用することで、できるだけ簡単な方法によって、他の言語と同じ情報を与えることを選択しているのだと考えることができるでしょう。

第四章

chapter 4

日本語の文

日本語の文の構造

どんな言語の文も、いくつかの単語を一列に並べることで作られます。そして、どんな言語であっても、単語を並べるための規則をもっています。文を構成する単語が、どのような規則に従って並べられているのかを分かるように表したものを、文の「構造」と呼びます。

日本語の文が、どのような構造をもち、その構造を作る規則がどのようにして決まるのかを明らかにすることは、日本語の特徴を考える上で非常に重要なことです。本章では、日本語の文がもつ構造を表すためには、どのような方法が適当なのかをまず見た後で、そのようにして表される構造がどのような原理に従って決まってくるのかを説明します。そして最後に、日本語の文の構造を決める原理として導き出した性質が、果たして妥当なものなのかを、いくつかの具体的な例を取り上げることで検討していきます。

まず最初に、次の例を見てみましょう。

(1) ネコが魚をとった。

文(1)を作っている単語の品詞を並べてみると、次のようになります。念のため、単語に切り分けた文(2)もあげておきます。

⑵　ネコ—が—魚—を—とっ—た

⑶　名詞＋格助詞＋名詞＋格助詞＋動詞＋助動詞

この文⑴の構造を表す方法として、⑶のように単に品詞を一列に並べただけのものをあげるだけでも、一見すると別に構わないようにも思えます。学校で古典を教わったときには、同じような方法で各単語の品詞を記していく方法を「品詞分解」と呼んで、古文読解の訓練をしていました。

しかし実は、このように品詞を並べるだけで文の構造を表す方法は、不十分だと考えなければなりません。なぜならば、この方法では、日本語ではどのような規則に従って単語が並べられるのかを、明らかにする手がかりが得られないからです。

もちろん、日本語で単語を並べるための規則がどんなものなのかを明らかにするための分析過程では、⑶のような形のデータを大量に集めて、そのデータをもとにして、単語の並び方の規則性を導き出すという作業が必要です。けれども、実際に構造を表す場合には、分析の結果導き出された規則がどのようなものなのかが、完全にではなくても、ある程度は反映されるような形にした方が望ましいことは言うまでもありません。

というわけで、日本語で単語を並べる規則としてどんなものがあるのかを考えてみることにしましょう。

まず、名詞のすぐ後に格助詞が来て、「ネコが」のような表現が作られるという規則がありま す。しかも、この表現全体で、「ネコ」という名詞が表す事物が主体だということを表していますから、この「名詞＋格助詞」という品詞のつながりで、単語より大きくて文より小さな中間的単位を作っているものと考えることができます。この単位は名詞が中心で、それに格助詞が付随しているというしくみだと考えて差し支えありませんから、名詞を中心とする単語の集まりという意味で「名詞群」という名前にしておきます。そうすると、日本語には次のような規則があることになります。「↓」の印は、上側に並んでいる単語が集まって、下側にある上位の単位を作るということを意味します。

(4) 名詞＋格助詞↓名詞群

「魚を」というつながりも、やはり同じ規則によって作られた名詞群です。

次には、動詞の後に助動詞が置かれて、「とった」のような表現が作られる規則があります。これは、「とる」という動詞に「た」という助動詞が後続して作られる単位です。この単位は動詞が中心だということは確かですから、「動詞群」という名前を付けることにします。そうすると、動詞群を作るための並び方の規則は、次のように表されます。

⑸ 動詞＋助動詞→動詞群

先にも述べたように、動詞群は述語として働くのですが、述語として働くことができるのは、動詞群だけではなく、「学生だ」のような「名詞＋だ」、そして「大きい」のような形容詞があります。形容詞が述語になる場合は、「大きかった」のように「形容詞＋助動詞」というつながりもありますから、これを「形容詞群」と呼ぶことはできます。しかし、「学生だ」のようなつながりを「名詞群」と呼ぶわけにはいきません。なぜなら、⑷で示した規則では、格助詞を伴う名詞が名詞群になるのですし、「ネコが」の後に「だ」をつけて「ネコがだ」のような表現を作ることはできません。

ですから、「学生だ」のように、「名詞＋だ」というつながりが可能なのは、あくまでも名詞が述語として使われているときだけです。同じように名詞を中心とする表現でも、述語になる場合とそうでない場合にこのような違いがありますから、名詞が述語として使われる場合には、「述語名詞群」と呼ぶことにしておきます。

形容詞についても、「白い雪」のように名詞の前に置かれて名詞を修飾する場合と、先ほどの例のように述語になる場合の二通りがあります。だとすると、述語として働いている場合の形容詞を「述語形容詞群」と呼んだ方がいいようにも思われます。しかし、名詞についても、「医者だった祖父」のように、述語群と同じ形で他の名詞も修飾することもありますし、動詞についても、「走っていた車」のように、やはり名詞を修飾する例が普通にあります。したがって、日本語では述語が一般に名詞に先行して名詞を修飾できるとしておけば、あえて述語形容詞群という単位を設ける必要はありません。

こうして動詞群、形容詞群、述語名詞群の三つが述語になることができるということになるわけですが、これらを単に「述語」と呼ぶと、一つの単語からしかできていないという誤解を与えます。したがって、「述語」ではなく「述語群」と呼ぶ方が適当です。また、「名詞＋だ」という述語名詞群で使われる「だ」は、助動詞に分類されます。

さてそうすると、述語群について、次のような並べ方の規則があると考えることができます。

(6) 動詞群→述語群
形容詞群→述語群
述語名詞群→述語群
形容詞＋助動詞→形容詞群

名詞＋助動詞→述語名詞群

「動詞群→述語群」などの規則は、上側にも一つの単位しかありませんが、動詞群、形容詞群、述語名詞群が、より一般的には文の述語として働くことを表しているものと考えておいてください。

こうして最終的に、日本語の文を作るための規則を書き表すことができるようになります。その前に、次の文を見ておきましょう。

(7) 太郎が花子にレストランで時計を渡した。

この文では、「太郎が」「花子に」「レストランで」「時計を」という四つの名詞群が並んでいます。このように日本語の文では、述語群の前に名詞群がいくつも並ぶことができるという特徴があります。ですから、規則としては次のような形になります。

(8) 名詞群＋名詞群＋…＋名詞群＋述語群→文

これでとりあえずは、日本語の文を作るために単語を並べる規則が書き表されたことになります。もちろん、動詞の後にいくつもの助動詞や助詞が並ぶこともよくありますし、文の中に文が含まれる「複文」のように複雑な構文もあります。ただ、これらを正確に表そうとすると規則が複雑になってしまいますので、ここでは考えないことにします。

そういう複雑な規則よりも大切なのは、日本語には次のような形の文があって、非常によく使われるということです。

(9) 花子は教師だ。
(10) 太郎は賢い。
(11) 牛は草を食べる。

これらの文では、先頭に「名詞＋は」という表現が来ています。どの文でも、先頭にある「花子」「太郎」「牛」という名詞が表す事物が主体として働いていることはすぐに分かります。けれども、使われている助詞は、主体を表すための格助詞「が」ではなく、副助詞の「は」です。この副助詞は、国文法では「主題」を表すとされています。つまり、「は」は主題を表す副助詞だということなのですが、単位としての「名詞＋は」は、名詞に助詞が付加されたものですから、以下では「主題群」と呼ぶことにします。日本語の文の構造を作るための規則では、主題群は必ず文の先頭に置かれます。

そうすると、(8)にあげた規則は、次のように書き換えなければならないことになります。

(12) 主題群＋名詞群＋名詞群＋…＋名詞群＋述語群→文

主題と主語

「名詞＋は」という主題群が文の先頭に置かれるという規則になっているということは、日本語の文では、主題が一番大切な役割を果たすようになっているのではないかと予想させます。それが一体どうしてなのかを理解することは、日本語の文のしくみを知る上では非常に重要なことです。

そもそも、「主題」とは何なのでしょうか。「主題」と「主語」は一字違いなのですが、どこがどう違うのでしょうか。まず「主語」とは何かということから説明します。

これは第一章でも述べたことですが、主語というのは、正確には「主体として働いている単語」のことです。ですから、主語という用語は何らかの単語を指していて、単語が表す事物の働きのことは「主体」と言うのが原則です。ただ、主語という用語の中に主体の働きは必ず含まれていますから、主語と主体を同じ意味で使ったとしても、それほど大きな問題はありません。ですから、これからしばらくは、特別に区別する必要が起こらない限り、事物の働きとしての主体と、主体として働く単語としての主語を、同じ「主語」という名前で呼ぶことにしておきます。

それでは主語とは何かという問題ですが、これは第一章ですでに説明したように、「述語を決める単語」だと定義することができます。これだけだとまだ分かりにくいかもしれませんので、具体的に説明しましょう。次の絵を見てください。

⒀

左側の背の低い方の男を「ヒロシ」、右側の背の高い方の男を「カズオ」という名前にしておきます。そして、この絵に描かれている情景をもとにして事態を作るとします。このとき、絵の中に描かれているどの事物を主語として選ぶかによって、どんな述語を使うかも決まり、最終的にどんな事態が作り上げられるのかも決まってきます。主語の選択によって述語がどのようになるのかを、以下で見てみましょう。

⒁

ヒロシ：ヒロシがカズオを見上げている。
　　　　ヒロシは白い服を着ている。
カズオ：カズオがヒロシを見下ろしている。
　　　　カズオは制服を着ている。
ヒロシとカズオ：ヒロシとカズオがにらみあっている。
　　　　　　　　ヒロシとカズオが口論している。
警官：警官がヒロシとカズオを見ている。
　　　警官たちが建物の前に立っている。
車：車が建物の前に止まっている。

「ヒロシ」を主語に選んだとします。この条件で、ヒロシとカズオの関係に注目すれば「見上げる」という述語(動詞)が選ばれます。この絵では、二人の間にある関係が最も目立つのですが、あえてヒロシだけに注目すれば「着る」という述語が選ばれます。もちろん、他の述語が選ばれる可能性もありますが、例えば、ヒロシとカズオの関係を表すために、「抱きしめる」(「ヒロシがカズオを抱きしめている」)や「なぐる」(「ヒロシがカズオをなぐっている」)のような述語は、この絵をもとにする限りは選択されることはありえません。

「カズオ」「ヒロシとカズオ」「警官」「車」が主語として選ばれた場合も、事情は特に変わりません。このように私たちは、目で見た情景や頭の中で想像する情景など、何らかの「現象」とでも言えるものをもとにして事態を作り上げようとする場合には、その現象中に存在するどれかの事物に注目し、それを主語として選択します。特定の主語が選択されると、現象の一部を正しく言語として表現しようとするならば、一定の範囲の述語からどれか一つが選択されることになります。こうして文の主語と述語が選択され、やはり現象に適合するようにそれ以外の要素が選択された結果、文が完成されるわけです。

このように主語とは、何らかの現象を言語として表現しようとする場合に、文の述語を決定する役割を果たす単語だと定義することができます。したがって、言語単位としての文によって事態が表される限り、どんな文にも主語と述語は必要です。特に、受信者が文の表す事態を理解する過程とは、与えられた表現をもとにして事態を作り上げる過程に他なりません。そして、先にも述べたように、事態には関係によって作られる枠組み（事態基）があって、事態基には必ず主語である事物が組み込まれていなければなりません。事態基を表す単語が述語で、事態を表すのが文ですから、受信者が理解した結果としての文には必ず主語と述語が含まれていなければならないのです。

ただし、発信者が作る文には主語がないこともあります。次の例を見てください。

⒂　太郎：「桜が咲いたね」
　　花子：「きれいね」

この例で太郎が使った文には、「桜」という主語も「咲く」という述語もあり、表現としては完全な文です。一方、花子が使った文には「きれいだ」という述語しかありません。その理由は、前に言われた文の主語である「桜」と同じ単語が、この文の主語としても働くと考えて何の問題もないからです。つまり、「きれいね」という文が理解された結果作り上げられる事態は、「「桜がきれいだ」ということをあなたは知っている」というものであって、この事態にはきちんと主語も述語（＝事態基）もあります。

文には必ずその意味としての事態が結びついています。ですから、発信者が作った文には、必ず文になる前に発信者が頭の中で作った事態が結びついていますし、同時に、受信者が理解する、それと同じ事態も結びついています。そして、事態の正確な理解のためには文の主語が何であって、述語が何であるのかが、受信者の側で正しく再現されなければなりません。つまり、文には表現の側面だけでなく意味の側面もあるということをきちんと考慮するならば、たとえ表現の側面で主語が存在しないように見えても、意味の側面では主語が存在していなければならないのです。

主題と状況

それでは次に、主題とは何かを見てみましょう。主題であって同時に主語である場合も多いのですが、以下には主題なのに主語ではない例をあげます。

⒃ 書類は秘書が依頼者に送った。
⒄ 会議には部長が行く。
⒅ 東京では決勝が行われる。

⑯の「書類」の意味役割は「対象」、⑰の「会議」の意味役割は「目的地」、⑱の「東京」の意味役割は「場所」です。

このように「は」は、主体に限らずあらゆる意味役割を表すことができます。ただし、⑰と⑱を見れば分かるように、主体と対象以外の意味役割は、「に」や「で」のような格助詞を用いて表さなければなりません。もちろんそれは当然のことで、「は」があらゆる意味役割を表すことができるということは、結局のところ、どの特定の意味役割をも表すことができないのと同じことだからです。

主体と対象ならば、他の単語、特に動詞の表す意味から正しく推測できるのが普通ですが、それ以外の意味役割となると、必ずしも推測できるとは限りません。したがって、主体と対象については、格助詞を用いなくても正しく理解できるため、格助詞を用いる必要がなく、それ以外については正しい理解を導くためにきちんと格助詞を用いるのだと考えることができます。

さてそうすると、「主題」とは一体どんな働きをするものなのでしょうか。先にあげた例を見ると、「は」のついた「書類」「会議」「東京」という名詞の指す事物は、すでに話題として登場していることが分かります。⑯であれば、「書類を送ったかどうか」ということが話題になっている状況で言われていますし、⑰であれば、「誰が会議に行くか」ということがすでに話題になっています。また、⑱は、あるスポーツの試合が開催される場所の一つとして東京のことが話題になっている状況で言われたものと理解されます。

実際、このような状況がない場合だと、同じ名詞が同じ意味役割で用いられていたとしても、「は」を使わないのが普通です。次の例で確認してください。

(19) 今確認した件については、秘書が昨日依頼者に書類を送っています。
(20) 来週部長が会議に出かけるので、その前に準備を整えるように言われた。
(21) この種目については、東京で決勝が行われる。

主題である名詞が表す事物が、文が使われる状況にすでに登場しているということは確認できました。この性質があるため、主題とは「旧情報」を表すなどと言われることもあります。ただし、主題が表すのが事物であるのに対し、「情報」は基本的に事態ですから、事物を情報だとすることには問題があります。したがって正確には、「旧情報に属する事物」を主題が表すと言うべきだろうと思います。

主題と定性

状況にすでに登場している事物を表すのが主題だとすると、主題の性質は英語などの「定冠詞」と似たようなもの、つまり、名詞が表す事物が「定」であることを表すこと、になります。ところが、定冠詞のついた名詞が主題だと言われることはありません。実際、次のような例を見ると、主題と定冠詞が必ずしも同じではないことが分かるはずです。

(22) 甲：「ペンを貸していただけませんか」
乙：「すみません。ペンはもっていません」

(23) 甲：「この近くにコンビニはありますか」
乙：「コンビニはここから歩いて五分です」

上の二つの例を英語に置き換えてみましょう。

(24) A: Can I use your pen?
B: Sorry, I don't have a pen.

(25) A: Is there a convenience store near here?
B: Walk five minutes and you'll find one.

⑵の one は a convenience store のことですから、どちらの文でも、日本語では主題として働いている名詞が、英語では定冠詞ではなく不定冠詞の付いた名詞に置き換えられています。英語では、名詞が指す事物を具体的に指し示すことができるくらいの特定化を、受信者が行うことができる場合に定冠詞が用いられます。ところが、⑵の「ペン」は、甲も乙ももっていないのですから、指し示しようがありません。⒀で乙が使っている文の「コンビニ」は、乙ならば特定の一つを当然指し示すことはできますが、この文の受信者である甲にとっては、無数にあるコンビニのうちのどれか一つに過ぎず、どこにあるかも分からないのですから、指し示すことなどできません。受信者が事物を指し示すことができるという条件が、英語の定冠詞では重要なので、この場合に定冠詞を使うことはできないのです。

一方で日本語の場合には、「ペン」や「コンビニ」という名詞が表す事物がすでに甲の発言によって状況に登場しており、乙の使っている同じ名詞は、状況に含まれる同じ事物を指すのですから、主題としての資格を備えています。

ただ、主題の性質がこれだけだとすると、わざわざ主題の名詞を文頭にもってきて強調するほどの重要性があるようにも思えません。実際、性質の似た定冠詞付きの名詞は、英語では文中の特別の位置に来るようになっていることはなく、不定冠詞が付いた名詞と変わるところはありません。

述語を決定する主題

日本語の主題の重要性がどこにあるのかというと、文が使われる状況にすでに登場しているため、主語と同じように、述語を決定する性質があるということにあります。もう一度、⑯から⑱までの例を見てみましょう。

⑯ 書類は秘書が依頼者に送った。
⑰ 会議には部長が行く。
⑱ 東京では決勝が行われる。

これらの文が使われる状況としては、先にも少し触れましたが、次のようなものが考えられます。

㉖ ある案件の依頼者がいる。その案件について書類が作成された。
㉗ 近日中に社外で会議が開催される。会社を代表して誰かが会議に行かなければならない。
㉘ ある種目の大会が東京を含めたいくつかの都市で開催される。東京では予選から決勝までの段階で、どれかの試合が行われる。

(26)のような状況で「書類」を主題として選択したとします。この状況で、「書類」という事物を要素として含む事態を作り上げようとすれば、書類を依頼者に渡すというような種類のものに限定されます。このとき、「書類」の意味役割を対象だとすれば、「誰かが書類を依頼者に送る／渡す」のような事態になりますから、同時に述語も決定されています。もし「書類」の意味役割を主体だとすれば、作られる事態は次のようになるでしょう。

(29) 書類は秘書から依頼者に送られる。
書類は近日中に依頼者に渡る。

この場合も、「書類」が主体になることで、特定の述語が選択されることになります。

(27)についても同様で、主題として選択される「会議」の意味役割を「目的地」にすれば、述語としては「行く」が選択されますが、意味役割を「対象」にすれば、述語としては「出席する」「参加する」が選択されます。

(30) 会議は部長が参加する。
会議は部長が出席する。

(28)のような状況で、主題に選ぶ「東京」の意味役割を「場所」にすれば、「行われる」「開催される」のような述語が選択されます。意味役割を「主体」にすれば、述語となるのは「場所だ」「都市だ」になります。

(31) 東京は決勝が行われる場所だ。
東京は決勝を開催する都市だ。

主語は、状況が何であれ述語を決定する役割を果たすのですが、主題は主語だとは限らないのに、述語を決定する働きをします。この点が主題と主語の違いです。主題が述語を決定するのは、主題として選択される事物がすでに状況の中に含まれているからです。これから作ろうとする文の要素として、状況に含まれる事物を選択するならば、その状況にできるだけ適合する事態、つまり状況が要求するような事態が作られるはずです。事態の基礎としての事態基を作るのが述語なのですから、事態の要素として主題である事物が選択された時点で、ほぼ自動的に述語も決定されるのだと考えることができます。

ある文を作ろうとする場合には、今までどんなことが言われてきたのか、あるいは発信者がどんな場面にいて、その場面に受信者としてどんな知識をもったどんな人がいるのかといった状況、要するに「文脈」に適切に関係した内容にする必要があります。ですから、日本語に主題という名前で呼ばれる文の要素があるのは、談話、すなわち会話や文章の流れを円滑にし、受信者の側での理解をより効率的にするための有効な手段が提供されている一つの事例だと見なすことができます。つまり、主題をもつ文を談話の中に適宜組み入れることで、談話を構成する一連の事態の関連性を効率的に保つことができて、受信者が談話をさらに正確に理解することを促進するという効果が生み出されるわけです。

日本語の構造規則の特徴

日本語の文がもつ構造を決める規則は、先に説明しましたが、以下にまとめておきましょう。

(32) 主題群＋名詞群＋名詞群＋…＋名詞群＋述語群→文
動詞群→述語群
形容詞群→述語群
述語名詞群→述語群
形容詞＋助動詞→形容詞群
名詞＋助動詞→述語名詞群

名詞＋格助詞→名詞群
動詞＋助動詞→動詞群

文の構造を決める規則のことを、「構造規則」と呼ぶことにします。ここで考えなければならないのは、日本語の構造規則がどうしてこのようになっているのかということです。日本語に「主題」があることから、談話を理解する過程が効率的になるのですが、主題群が文の先頭に来るのは、それが「重要だから」という説明だけでは少しもの足りません。述語は「事態基を表す」という、同じように重要な働きをするのですが、日本語では文の最後にしか置かれません。

格助詞は、名詞が表す事物の意味役割を表す働きをして、日本語では名詞の直後に置かれます。ところが、ヨーロッパ諸語などで同じように意味役割を表す働きをする単語は、「前置詞」と呼ばれることからも分かるように、名詞の前に置かれる決まりになっています。助動詞は、事態全体の性質を表す独立性のない単語として定義され、日本語では動詞の後に置かれます。「助動詞」という品詞をもつ言語は、ヨーロッパの主要言語にはあまりないのですが、英語にはwill, can, mustなどの助動詞があります。これら英語の助動詞は、事態が成立する可能性を表すのが基本的な働きで、日本語の助動詞と似ていますが、動詞の前に置かれます。

このように、言語ごとに構造規則は異なっているのが普通です。ただし、それぞれの言語で自分勝手に規則を決めているわけではありません。日本語と同じように、主語や目的語を格助詞のような単語を用いて表し分ける方法を採用している、朝鮮・韓国語、モンゴル語、トルコ語など多数の言語では、格助詞がやはり名詞の後に置かれるのが普通です。助動詞に類する単語も、これらの言語ではやはり動詞の後に置かれます。

一方、主語や目的語を表すための特別の単語をもたない英語や中国語のような言語では、語順によって主語と目的語を区別し、それ以外の意味役割は特別の単語を使って表します。これらの言語の多くが「主語＋動詞＋目的語」という規則を採用しており、他の意味役割を表す単語は名詞の前に置かれて「前置詞」と呼ばれるのが普通です。また、先ほど述べたように、英語では助動詞が動詞の前に置かれるのですが、中国語でも、事態全体の性質を表す単語の多くは、動詞の前に置かれることになっています。

このように、主語と目的語をどのような方法で表すのかという特徴を基本として、諸言語は一定の型に属する構造規則を選択する傾向にあるようです。だとすると、それには理由があるはずです。その理由を完全に解明するのは非常に難しいことなのですが、以下では日本語がもっている構造規則について、その理由を明らかにすることを試みることにします。

事態が理解される過程

文は、構造規則に従いながら単語を一列に並べて作られます。文を作るのは発信者ですが、発信者の頭の中では、次のような過程で文が作られるものと考えることができます。まず、現象のある部分を抽出し、言語として表現することに決めます。言語として表現するために、日本語の話者が実行するのは、状況中にある事物を主題とするかどうかということです。

主題である事物が選択された場合には、状況に適合するように述語が選択されます。主題が主語でない場合には、述語に応じて主語が選択され、主題および主語との関係で必要な事物があれば、適当な意味役割を与えられて事態基に組み入れられます。ここまでで、事態の基礎部分が作られることになります。事態基の中に、主題、主語、その他の意味役割をもつ事物が組み込まれた段階を、事態の手前という意味で「前事態」と呼ぶことにしましょう。

作られた前事態について、それが成立した時区間はいつなのか、事態の全体と部分のどちらが成立したのか、事態がどの程度の可能性で成立するのかというような、発信者の側での判断が行われ、その判断の内容を表すための単語が選択されます。その単語が助動詞である場合には、述語の後ろに付け加えられますし、副詞ならば述語の前あたりの適当な位置に挿入されます。

こうして、成立時区間、全体性、成立可能性を表す単語が加えられることにより、完全な文ができあがり、その文によって事態が表されるようになります。言語として表現してはじめて、人間は事態を明確に意識することができますから、頭の中で文が作り上げられた段階で、発信者にとってもどんな事態を伝達したいのかがはっきりするのです。

文が作られる過程を図示すると、(33)のようになります。

(33)

現象

←

現象の部分の抽出

主体の選択　主題の選択　↑　状況

述語の決定

←

主体以外の意味役割をもつ事物の決定

←

前事態

←

成立時区間、全体性、成立可能性の判断

←

事態
↓
文

発信者は、文を構成する単語に対応する音を口から出すことによって、自分が作り上げた文を受信者に伝達しようとします。そして、受信者の側で、発信者が作った事態が、伝達される文をもとにして理解されることで、伝達が完成します。受信者の側で文が理解される過程は、次のようなものになります。

文は単語が一列に並んだものですが、文を構成する単語がすべて同時に伝えられることは決してありません。一つの単語の次に別の単語という具合に、単語が次々に受信者に伝えられるという過程をとります。

伝わってくるのは、実際には音ですから、いくつかの音が聞こえてきた段階で、受信者はそれらの音から成る音列に対応する単語を、自分が記憶している語彙目録の中から引き出すことで、使われている単語を認定するものと考えられます。ただし、こうして認定した単語が、発信者が意図したものと同じだとは限りません。次の音列を聞いた段階で、別の単語が使われていたことが分かる場合もあります。

例えば、toriという音列が聞こえてきたとします。この段階で受信者が、この音列が「鳥」という単語に対応するものと理解します。もしこれが正しい単語ならば、日本語の構造規則からして、次にはwa(は)、ga(が)、o(を)などの助詞に対応する音が来るはずです。ところが実際に次に聞こえてきたのがiという音だとすると、「い」という助詞は日本語にはありませんから、tori全体で「鳥居」という一つの単語だったのだと、理解を修正することになります。

このように、話し言葉については、実際に単語を正しく認定する場合、語彙目録と構造規則を参照しながら、与えられた音列をもとにして単語の推測と修正を行うという作業が行われなければなりません。こう説明すると、単語を正しく認定する過程はずいぶんと複雑で面倒なものに思えるかもしれません。しかし実際には、単語と単語の切れ目に少し間を置くこともよくありますし、文が使われる状況や、すでに言われた単語から、どんな単語が使われるのかは、ある程度予測がつきますから、単語の認定はそれほど難しい作業ではありません。

伝えられた音列がどの単語に対応するものであるかを認定すると、受信者は自分の語彙目録を参照することで、その単語がどの品詞に属していて、どんな意味を表すのかを確認します。単語の品詞と意味が認定されれば、単語の意味は事態を構成する一つの部品ですから、事態の適当な部位に、この部品を組み入れます。こうして単語の意味という部品を事態に組み入れる作業を繰り返すことで、受信者の頭の中で事態が構築されていくわけです。

例として、次の文が理解される過程を見てみましょう。

(34) 太郎は花子に店でプレゼントを買った。

日本語で表される事態全体を、次のような形で表します。

(35) 事態基〈時区間、全体性、成立可能性〉
［主題＝t、主体＝e_1、対象＝e_2、受容者＝e_3、場所＝e_4、道具＝e_5…］

意味役割を全部あげることはできないので、主要なものだけをあげておきました。(35)は、全く部品が組み入れられていない、事態の一般的な骨組みだけを表したものです。(34)を作っている単語の意味を(35)の事態に組み込んでいくことで、文が表す事態の理解が進んでいきます。

まず最初には「太郎」が認定されます。この単語は名詞ですから、主題または他の意味役割をもつ事物だということは分かります。これを、次のように表します。

(36) 事態基〈時区間、全体性、成立可能性〉［主題∨主体∨対象∨受容者∨…＝太郎］

「∨」は「または」という意味を表す記号です。

「太郎」の次には「は」が来ているので、この副助詞により「太郎」が主題だということが分かります。これを、次のように表します。

(37) 事態基〈時区間、全体性、成立可能性〉

［主題＝太郎、主体＝e_1、対象＝e_2、受容者＝e_3、場所＝e_4、道具＝e_5…］

次に「花子」という単語が認定されます。「太郎」は主題ですが、主題だとしても、何らかの意味役割を与えられなければなりません。主題がどの意味役割を表すのかは、すべての名詞と述語が与えられた後で、述語が特定する事態基にとってどうしても必要な意味役割を判定し、その意味役割を主題がもつものと判断するわけです。

ですから、「太郎」が主題として与えられており、次に「花子」が与えられた段階では、「太郎」の意味役割も「花子」の意味役割も決定されてはいないことになります。これを次のように表します。

(38) 事態基〈時区間、全体性、成立可能性〉

［主題＝太郎、主体∨対象∨受容者∨…＝太郎∨花子］

「花子」の後に「に」が来るので、「花子」の意味役割が「受容者」だということが分かります。意味役割「受容者」のことは今まで説明してきませんでしたが、何らかの行為を受ける事物がもつ意味役割のことです。

(39) 事態基〈時区間、全体性、成立可能性〉
［主題＝太郎、主体＝e_1、対象＝e_2、受容者＝花子、場所＝e_3、道具＝e_4…］

以下同様にして、「プレゼントを」までが理解される過程を表します。

(40) 店：　事態基〈時区間、全体性、成立可能性〉
［主題＝太郎、受容者＝花子、主体∨対象∨場所…＝店］

で：　事態基〈時区間、全体性、成立可能性〉
［主題＝太郎、主体＝e_1、対象＝e_2、受容者＝花子、場所＝店、道具＝e_3…］

プレゼント：事態基〈時区間、全体性、成立可能性〉
[主題=太郎、受容者=花子、場所=店、主体>対象>道具…=プレゼント]
を：
事態基〈時区間、全体性、成立可能性〉
[主題=太郎、対象=プレゼント、受容者=花子、場所=店、道具=e_1…]

「買った」は「買う」という動詞に「た」という助動詞が付いて、事態の成立時区間が「過去」であることと同時に、事態の全体が成立したことを表しています。そしてここで文が終わります。「た」以外には助動詞が使われていませんが、日本語では何も助動詞が使われないときには、事態は完全に真実だということを表します。

ここまでで作り上げられる事態の形は、次のようになります。

(41) 買う〈過去、全体、真実〉
[主題=太郎、主体=e_1、対象=プレゼント、受容者=花子、場所=店、道具=e_2…]

(41)で表されている事態は、もちろん完全ではありません。まだ、主体と道具という意味役割をもつ事物が決定されていないからです。この二つの意味役割のうち、事態の要素として必ず必要なのは主体の方です。道具は、必要ならば表した方がいいという程度の重要性しかありません。この主体という意味役割を満たすのは、主題として提示されている「太郎」以外にはありません。なぜならば、主題とは述語を決定する事物ではあっても、その意味役割は不定で、事態全体の性質から決定されるものだからです。

こうして、「太郎」は主題であって同時に主体である事物だと認定されます。最終的に理解される事態は、次のように表されます。

(42) 買う〈過去、全体、真実〉
[主題=太郎、主体=太郎、対象=プレゼント、受容者=花子、場所=店]

主題が「太郎」であることから、この太郎という人間がすでに話題になっていて、太郎が誰かに贈り物をするような状況だということが推測されます。

この段階で、基本的には事態が完成してはいます。状況や知識を考慮に入れないで、日本語の文が一般的に表す事態としては、これで十分です。ただし、状況や知識を事態の特性の決定に組み入れるとすると、もう少し事態の内容が限定されます。

「太郎は花子に店でプレゼントを買った」というこの文を理解しようとするのが、発信者がどんな人間なのかを全く知らない読者の皆さんのような人だとします。つまり、この文が使われる状況として、特定のものを想定しないということです。この場合であっても、「太郎」と「花子」という固有名詞が指す個体が、人間の集合の中で特定の一人の人物であることは前提となります。固有名詞というのは、たとえ受信者がそれがどんな個体なのかを具体的に知らなくても、使われた時点で、受信者が特定の個体を指示することができるものと想定されているのです。そうでなければ、発信者が文を作るときに、わざわざ「太郎」や「花子」などの具体的な固有名詞を使うことはなく、「ある男」「ある女」のような、受信者が個体を特定できないことを表す表現が使われていたはずです。

固有名詞に対し、「普通名詞」と呼ばれる「店」や「プレゼント」は、それが指し示す個体が集合中でどれであるのかを、受信者が知っている場合(定)と知らない場合(不定)の両方の可能性があります。今問題にしている文では、特定の状況がないのですから、これらの普通名詞が指す個体を特定する手がかりは全くありません。したがって、「店」と「プレゼント」が表す個体の定性は「不定」だということになります。また、一般的な知識として、ある人間が誰かのためにプレゼントを買う場所は一軒の店ですし、プレゼントも、普通は一個に限定されるものです。このことから、「店」と「プレゼント」の数は「単数」だと想定されます。

このように考えると、今問題にしている文が表す事態は、より正確には、次のように表されることになります。

⑷③　買う〈過去、全体、真実〉
［主題＝太郎〈単数、定〉、主体＝太郎〈単数、定〉、対象＝プレゼント〈単数、不定〉、受容者＝花子〈単数、定〉、場所＝店〈単数、不定〉］

構造に関する基本原則

文が表す事態を理解する過程は、今説明したように、次々に与えられる単語の品詞と意味を認定して、それを事態の骨組みの中に組み込んでいく過程として捉えられます。一つの文が完成した段階で、事態の構築も終わるのですから、事態の要素として必要な事物や事態基などを表す単語さえ使われていれば、それを並べる順番などはどうでもいいような気もします。

しかし、世界の言語の実情がそうではないのは、先に見た通りです。だとすると、文に構造があることには、何らかの理由があるものと考えなければなりません。その理由を明らかにする必要があります。

先にあげた例⑶④を、もう一度見てみましょう。

(44)＝(34)　太郎は花子に店でプレゼントを買った。

この文を作っている単語の切れ目に｜を入れると、次のようになります。

(45)　太郎｜は｜花子｜に｜店｜で｜プレゼント｜を｜買っ｜た。

全部で十個の単語から出来ているので、これらの単語を全く無秩序に並べると、10!＝10×9×8×…2×1＝3628800通りの並べ方があることになります。そのうちの二例だけをあげると、次のようなものがあります。

(46)　太郎たでプレゼント買うを店にはを花子

(47)　店花子買う太郎プレゼントたをでには

こういうでたらめな並び方でも、「買う」という動詞と「た」という過去の助動詞がありますから、とにかく誰かが何かを過去の時点で買ったという事態が表されていることだけは分かります。けれども、主題が何で、主体が誰で、対象が何で、誰のために対象が買われて、どの場所で買ったのか、などという内容は全く分かりません。

その理由は、語順がでたらめなため、どの名詞とどの助詞が結びついているのかが分からないことにあります。特定の名詞と特定の助詞の関係が正しく理解されるためには、名詞と助詞は隣接していなければなりません。

文中で用いられる動詞と助動詞が一つずつだけなら、動詞と助動詞が離れていても、両者が結びつくことは分かります。けれども、次のように、動詞が二つ使われている、いわゆる「複文」で助動詞が一つしかないとします。

(48) 太郎は調べる場所を訪問した。

この文を作っている単語を無秩序に並べて、次のような表現を作ったとします。

(49) 場所訪問するをは太郎た調べる

このような単語の並びでは、助動詞の「た」が「行く」に結びつくのか、「調べる」に結びつくのかが分かりません。したがって、日本語の構造規則に従って正しく並び替えた場合に、次のような文になる可能性も十分にあります。

(50) 太郎は訪問する場所を調べた。

このことから、動詞と助動詞(一般的には述語と助動詞)についても、やはり関係があるものは隣接している必要があることになります。

以上より、受信者が正しく事態を理解するためには、名詞と助詞、動詞と助動詞の並び方について、次のような基本原則があるものと考えなければなりません。

(51) 関連づけられる名詞と助詞は隣接していなければならない。
関連づけられる動詞と助動詞は隣接していなければならない。

名詞と助詞、動詞と助動詞が隣接していればいいのですから、助詞や助動詞は、名詞や動詞に先行する場合と後続する場合の、二つの選択肢があるはずです。特別の理由がなければ、前でも後でも構わないはずです。だとすると、日本語の助詞と助動詞も、名詞や動詞に先行することもできたのではないかと考えられます。それなのに、日本語の構造規則では、助詞も助動詞も、名詞、動詞に後続する決まりになっています。

名詞や動詞のように、事態の中核的な構成要素を表す単語を「内容語」、助詞や助動詞のように、事態の中核的要素の特性を表す単語を「機能語」と呼びます。「内容語＋機能語」という順番が日本語で選択されたのは、単なる偶然ではないはずです。先にも述べたように、日本語と同じように、主語と目的語という最も大切な意味役割を助詞に類する単語で表すしくみになっている諸言語は、ほぼ例外なく機能語が内容語に後続する規則になっているからです。だとすると、日本語のこういう構造規則にも、何らかの理由があるのではないかと推測されます。次には、その理由を考えてみることにしましょう。

言語処理過程と単語

構造規則が決定される原理の候補としてあげられるのは、今までも何回か用語だけは出してきましたが「効率性」という原理です。物理的な運動での効率性とは、最もエネルギーの消費が少なくてすむ運動です。経済活動での効率性ならば、最もお金を使わないで目標を達成することができるものだと考えることができます。つまり効率性とは、ある運動や活動を実行するために消費されるものを、できるだけ少なく抑えることを可能にする性質のことだと定義することができます。

言語の場合、文の作成や理解に必要な処理の大部分は脳で行われます。脳による活動が電気的な信号による作用に還元されるのだとすると、言語の処理も結局は物理的な運動と同じものだと見なすことができます。そうすると、言語についての効率性とは、文の作成や理解の際に、できるだけ脳の負担が少なくなるような処理が実現することだと言えるでしょう。

人間が文を作成したり理解したりする過程については、すでに詳しく説明しました。文の作成と理解の過程が、まさに「言語処理」と呼ばれる過程です。

さて、文を作成するときには、言語として表現したい現象の部分に応じた単語が選択されますが、現象はあらかじめ特定されているのですから、単語が選択されて並べられていくうちに、選択される単語の範囲はどんどん狭まってきます。文を理解する場合には、与えられた単語を事態基に組み入れるという処理が行われるわけですが、一つの単語が与えられるごとに、事態に必要な要素が充填されていき、最終的に一つの事態が完成します。したがって、文の最後に置かれた単語が与えられるまでに、表現される可能性のある事態が、最初は無限だったのが、だんだんと範囲が狭まっていって、最終的に一つに限定されるということです。

文を理解する過程では、表される可能性のある事態の範囲が狭まってくるのですが、これを単語の選択という観点から見直すと、選択される可能性のある単語の数が減少する過程だと考えることができます。ということは、文の作成では、自分がこれから選択する単語の数の減少、文の理解では、相手がこれから使うかもしれない単語の数の減少、という具合に、どちらも単語に関わる選択肢の数が減少するという過程が想定されるわけです。

一つの文を作成したり理解したりするという処理の過程が、選択される可能性のある単語の数が減少する過程だとします。一つの単語の意味を記憶するためには、特に内容語の場合には、事物や事物の間の関係についての十分な量の情報を蓄積しなければなりませんから、脳内のかなりの容量を必要とします。そうすると、脳に蓄えられた語彙目録の中から、現象の性質や発話の状況に応じて適切な単語を選択するためには、できるだけ選択肢の範囲が少ない方が、脳の負担が少ないものと考えることができます。

効率性と構造規則

言語処理の過程を、使われる可能性のある単語の数の減少という特性で捉え直すことができることを示しました。こう考えると、言語処理過程に効率性があるということは、使われる可能性のある単語がたくさん減少することだと言い換えることができます。

それでは次に、構造規則と効率性の関係を見てみることにしましょう。日本語の一番基本的な構造規則として、「名詞＋助詞」と「動詞＋助動詞」があります。この規則について、効率性がどうなるのか見てみましょう。助詞については、主題を表すための「は」と、意味役割を表すための格助詞を区別しなければなりませんが、この点については、主題群の位置について考えるときにきちんと触れることにします。

①名詞と助詞

名詞と助詞の順番については、名詞が先行する方が効率性が高いことは、多分言うまでもないことです。発信者の側では、表現したい現象の部分がすでに決まっています。このとき、名詞が一つ選択されるとして、その意味役割が主体であれば、選択されるべき適切な述語の範囲は極めて限定されます。主体以外の意味役割をもつ事物を表す名詞が選ばれた場合でも、現象中でこの事物と関連をもつ他の事物が事態の中に組み込まれることになるのですから、やはり選択される可能性のある名詞の範囲はかなり限定されます。

これに対して、助詞を先に置いたのでは、後になってそれ以外の助詞が使われるということが確実に予測されるだけです。例えば、「が」が選ばれたとすると、文には主語があるのは当然ですから、これだけでは使われる可能性のある単語を限定することにはなりません。格助詞の数は十個くらいですから、格助詞が一つ使われたからと言って、使うべき単語の数を減少させることにはほとんど貢献しないのです。

ただし、主題を表す「は」が使われた場合は、これから表す事態に主題である事物が含まれることになります。主題である事物は、文を作成する状況の中に含まれているのですから、少なくとも発信者の頭の中では、選択する事物が限定されることになるはずです。とは言え、主題を表す「は」以外の助詞については、このように事物を限定する効果はないのですから、やはり助詞を先に置く規則は、名詞を先に置く規則よりも、選択する単語を減少させるという意味での効率性は低いのだと考えなければなりません。

受信者の側ではどうでしょうか。受信者についても、発信者の場合と同様、文が使われる場面での状況があり、この状況には、ある限定された範囲の事物が含まれています。この点は両者で共通なのですが、受信者については、状況以外には理解の手がかりになる特定の現象などはありません。このため、名詞が一つ与えられたからと言って、次にはそれ以外の名詞が使われるだろうということが予測できるだけで、使われる名詞の範囲が特に大きく限定されることはないような気もします。

確かに、使われる可能性のある名詞が一個減るだけでは、特に効率性が高いとも言えません。しかし、名詞が与えられるまで、受信者は一体どんな事態が伝えられるのかは全く分かっていないのです。つまり、あらゆる事態が言われる可能性があるわけです。ところが、名詞が表す事物が、事態の中に一つ含まれていることが分かるだけでも、事態そのものとしてはかなり限定されたと考えることができるのです。

仮に、事物を三つ含む事態が表されるものとしてきます。ここで、固有名詞も含めた名詞の数が十万個で、動詞の数が一万個だとすると、これだけで十の十六乗、つまり一京個の事態を表すことができます。実際に作られる可能性のある事態の数は、時制など他の要因も考慮すればもっとずっと多いのですが、一京個でも普通の人間にとっては無限に近いとも思える大きな数です。

ここで名詞が一個使われて、事態の中に事物が一個組み入れられたとすると、それだけ事態が限定され、表される可能性のある事態の数は、十の十一乗個、つまり百億個に減少します。百億個でも十分大きな数であることは確かですが、とにかく名詞が一個使われただけで、言われる可能性のある事態の数は十万分の一に減るのです。

このように、使われる可能性のある単語と言っても、文中には複数の単語が使われるのが普通ですから、正確に考えようとすると、「単語の組み合わせの数」(数学的には、単語の「順列」と言うべきところですが、普通の用語を使っておきます)の可能性を考えなければなりません。複数の単語の組み合わせという見方からすると、文中に名詞が一個使われるだけで、可能な組み合わせの個数はずいぶんと減るものです。

ところが、助詞が先行する順番だと、「が」だろうが「を」だろうが、事物の意味役割を表すだけです。事態の中に主語である事物は必ず含まれていなければなりませんし、目的語が含まれることも十分に予測できます。ですから、助詞が名詞よりも先に置かれる順番では、これから使われる可能性のある単語の組み合わせについて、その範囲（個数）が限定されるということはほとんどありません。

使われる可能性のある単語の組み合わせが大きく減少することが、文を作成し理解する過程で効率性が高いということになるのでしたから、「名詞＋助詞」という順番の方が、「助詞＋名詞」という順番よりも高い効率性を実現する規則だと言えます。つまり、名詞と助詞の順番について、日本語の構造規則が選択しているものは、言語としての効率性が高い方なのだと結論できるわけです。

②動詞と助動詞

助動詞は、事態の成立時区間と成立可能性を表す単語として定義しました。事態の成立時区間は、基本的には「現在」「過去」「未来」の三種類です。事態が成立する可能性についての判断は、「完全に真実」（発信者が、本当のことだと主張している）から「完全に虚偽」（発信者が、事態の成立は全くありえないと主張）まで変化して、その間に区切りはありません。つまり、成立可能性については無限の段階がありえるわけです。とは言え、成立可能性は助動詞か副詞を用いて表さなければならず、そのためだけに無数の単語を用意するわけにもいきませんし、たとえ用意できたとしても、人間には記憶できません。しかも、そもそも成立可能性の微妙な違いを誰もが同じように区別することができるとも思えません。

この点は、現在という誰にとってもはっきりした時点を基準として、それより前が過去、それより後が未来として区別する、事態の成立時区間とは性質が異なります。しかし、たとえ可能性についての明確な基準がなくても、成立可能性を表す必要はありますというわけで実際のところは、真実と虚偽の間の中間段階として「可能性が高い」と「可能性が低い」の二つくらいを認めることはできるでしょう。あるいは、もう一段階細かく、「高」「中」「低」の三段階ぐらいは区別できそうです。

例えば、「明日雨が降る」という事態は、通常であれば確実に成立するわけではありません。したがって、成立する可能性があるに過ぎないわけです。この可能性を日本語の文で表すとしたら、次の二種類があります。

(52) 明日はきっと［必ず、絶対、間違いなく］雨が降るに違いない。
(53) 明日は多分［恐らく］雨が降るだろう。
(54) 明日はもしかしたら［ひょっとすると］雨が降るかもしれない。

「きっと」「多分」「もしかしたら」などは副詞に分類することができます。「に違いない」「だろう」「かもしれない」は、普通の助動詞に分類することは難しいでしょうが、可能性を表す助辞の一種だと言うことはできます。

このように、可能性の程度については、真実—可能性高—（可能性中）—可能性低—虚偽の五段階または四段階が基本的に区別されます。いずれにしても、段階の種類はそれほど多くありません。

したがって結局のところ、成立時区間と成立可能性の組み合わせは、3×4＝12または3×5＝15種類ということになります。

これに対して、動詞の数は、名詞よりは少ないにしても一万個程度はあります。助動詞が先に来る順番だと、その後に来るはずの動詞の選択肢は一万もあるわけです。ところが動詞が先に来る順番だと、次に来る助動詞の組み合わせの可能性は最大でも十五です。したがって、動詞が先に来る日本語のような規則の方が、圧倒的に単語の選択肢を減少させ、高い効率性を達成していることが分かります。

③主題群の位置

それでは、文を直接構成している主題群、名詞群、述語群の並び方について考えてみることにしましょう。日本語の文を直接構成する群の並び方の規則は、次のようなものでした。

(55) 主題群＋名詞群＋名詞群＋…＋述語群→文

主題がある文とない文があるのですが、主題がある文については、主題である名詞と副助詞の「は」から成る主題群は、文の先頭に置かれるのが日本語の構造規則です。それでは、主題群が文頭に来るという性質を、効率性の観点から見直してみることにします。

主題とは、先に見たように、状況に含まれる事物で、事態基、つまり文の述語を決定する働きをするものです。主題の重要性は、主語だとは限らないのに述語を決める役割を果たすということです。主題のこの働きについては、先に述べた通りですが、もう一度例をあげて説明しておきます。次の例を見てください。

(56) 甲「先週山田さんの展覧会に行ってきました」
乙「そうですか。山田さんはいい絵を描くよね」

(57) 甲「明日の午後運営会議が開催されます」
乙「分かりました。私の部署からは部長が出席します」

(56)では、乙の発話の時点で使用される状況を、その前に発言した甲の発話が作っています。この状況中には「山田さん」「展覧会」という事物、「先週」という時区間が含まれています。さらには、「山田さん」と「展覧会」の間には「の」という格助詞によって、関係(所有関係)があることが示されています。

このような状況があるとき、「山田さん」が主題として選択され、同時に主語として働くような文を作るとします。この人間の展覧会という事物も状況に含まれているのですから、「山田さん」が主題であり主語だとするなら、展覧会と密接に関係する「絵を描く」に類した行為が述語として選択されることが予測されます。もちろん、述語として選ばれるのは「描く」という動詞に限られるわけではなく、「絵描きだ」という名詞、「(絵が)うまい」のような形容詞もありえます。しかしいずれにしても、絵画を作成するという行為に関係した述語の選択が期待されるわけです。

(57)では、状況に「運営会議」という事物、「明日の午後」という時区間が含まれます。状況に明示的に含まれるのはこれらの事物だけですが、「運営会議が開催される」という甲の発話内容からすると、「誰かが会議に出席する」という事態を表す文が作られることが予測されます。さらに、会議に出席する主体である「誰か」は、何らかの部署に属しているのが普通ですから、甲と乙が共通にもっている知識の中に、会議に関係する部署が当然含まれています。したがって、甲が言った文が表す事態を構成する事物の中には含まれていなくても、会議に関係する部署が状況に含まれる要素だと考えることに問題はありません。

そこで「私(=乙)の部署」を主題として選び、この事物の意味役割を主語ではなく「起点」だとし、格助詞の「から」を使ってこれを表すとします。状況から予測される事態は、「ある部署の誰かが会議に出席する」に類するものになるはずです。「運営会議」が重要な会議であることが甲と乙に知られているとすれば、出席する主体が「部長」だという予測も十分可能ではありますが、重要な役職にある人物であれば、もちろん部長以外の可能性もあります。いずれにしても、述語が「出席する」に類する動詞、主語が何らかの地位にある人間であるというように、使用される単語の範囲が大きく限定されることは間違いありません。

このように、主題である事物は述語を決定するだけでなく、事態を構成する他の可能な事物の範囲をも大きく限定するものです。ですから、主題ができるだけ前に置かれた方が、発信者が文を作る場合であれ、受信者が文を理解する場合であれ、それ以後に使われる可能性があると予測される単語、正確には単語の組み合わせの数をより大きく減少させることができます。

文頭に置かれるのが主題でないとして、もしその事物の意味役割が主語でない場合には、その事物をもとにして述語を決定することはできません。したがって、述語の範囲が限定されない以上、使われる単語の組み合わせの数が減少する程度は、主題が文頭にある場合に比べるとはるかに少なくなります。また、主題ではないけれども主語ではある事物を表す名詞が文頭に置かれたとしても、主語は述語を決定する働きをしますから、主語ではない場合よりも単語の組み合わせの範囲は限定されます。しかし、主題でない以上、状況をもとにして事態を構成する他の事物を予測させることはできません。語彙目録の中から、常識だけを頼りにして他の事物が予測できるだけです。したがって、主題が文頭に置かれる場合よりは、やはり単語の組み合わせを減少させる程度は小さいと言えます。

このように、主題が文頭に置かれる規則が、文の作成と理解の過程で、使われる可能性のある単語の組み合わせを最も減少させるものだと言えます。つまり、主題群を文頭に置く日本語の構造規則は、文の産出と理解に関して、最も効率性が高くなるように選択された結果なのだと考えられるわけです。

④述語群の位置

主題群が文頭に置かれるのが最も効率的だとして、次に問題となるのは、名詞群と述語群の位置関係です。述語は、事態の基礎としての事態基を表す働きをする単語で、事態基が与えられないと一体どんな事態なのかが分からないのですから、事態を構成する要素の中で、主題や主語と並んで最も重要なものだということは間違いありません。だとすると、述語群が文の先頭に位置するような規則になっていても不思議ではないような気もします。

全く特別の状況がないという条件で、文が表す事態を受信者が理解する過程を考えてみるだけならば、述語が先に分かることは、確かに事態の全体的な姿が分かるという点で、効率性が高いのではないかと思えないでもありません。

しかし、最初に述語が来る順番でも、述語が動詞や形容詞ならば、まだ名詞は全く使われていません。述語が名詞の場合もありますが、名詞が述語の文とは、次のような形をしているものです。

(58) 太郎は学生だ。

(59) サメは魚類だ。

(60) 鈴木の後任は佐藤だ。

名詞が述語の文は、(58)であれば「学生」である人間の集合に「太郎」が含まれるという包含関係(「太郎∈学生」)を表します。(59)の文もほぼ同じで、「サメ」の集合が、さらに大きな「魚類」の集合に含まれるという関係(「サメ⊂魚類」)を表します。(60)については、包含関係ではなくて、「鈴木の後任＝佐藤」という同値関係を表しています。

名詞が述語の文が表す事態が包含関係であれ同値関係であれ、述語が文頭にあれば、後に来る主語の名詞の範囲はそれなりに限定されます。例えば、「学生だ」が文頭にあったとすると、主語として選択されるのは人名である可能性が高いと言えます。また、「魚類だ」が述語で文頭にあれば、主語は「サメ」「タイ」「マグロ」などの魚でしょうから、限定度はさらに高くなります。

述語の動詞が文頭にある場合でも、例えば「歌った」のような動詞が文頭にあったとすると、主語になるのは普通は人間ですし、目的語は「歌」「曲」のような事物に限定されますから、後続する名詞の組み合わせが、述語が与えられていない場合に比べて大幅に減少することは確かです。形容詞述語が文頭にある場合でも、例えば「高い」が文頭にあれば、主語として「山」「木」のような鉛直方向に地上から伸びているという特性をもつ事物が選択されるのが普通です。したがって、述語群に後続する可能性のある名詞の個数は、やはり限定されてきます。

こう考えると、述語群が文頭に置かれる規則の方が、主題群や名詞群の方が先行する規則よりも効率性が高いのではないかと思えます。しかし、これはあくまでも受信者が状況を考慮に入れないで文を理解する場合にだけ当てはまる過程です。これ以外の場合には、当然事情は変わってきます。

発信者が文を作成する過程では、主語または主題が選択されない限り、述語は決定されません。したがって、発信者の頭の中で、選択された順に単語が並べられるのだとすると、主語または主題が述語より先に置かれるのは、単語の働きの本質からして必然的なことだと考えなければならないでしょう。主語または主題を決定し、これらの事物と現象中で関係をもつ他の事物との関係で述語が決定されるのですから、述語を先に選択したとしても、それが現象中の事物がもつ関係とうまく合わなければ、選択された述語を別のものに置き換えなければならない可能性もあります。となると、述語を先に選択して文頭に置くという過程は、発信者の側からするとむしろ非効率的な作業だと考えることもできます。

受信者の側でも、主題が文頭にあれば、状況を参照することで述語はかなり正確に予測できますし、主題以外の事物も、状況および状況に関連する一般的知識を援用することで、選択肢を大きく限定することが可能です。述語が文頭にあったとしても、これが作る事態基に組み入れられる事物は、状況を参照できるかどうか分からないのですから、結局のところは状況とは無関係に、事態基の特性だけを考慮にいれて事物の選択を行う必要があります。したがって、述語による範囲の限定はあるものの、状況という強力な手段を用いての限定は期待できないわけです。だとすると、主題が文頭に置かれている場合の方が、述語が文頭にある場合より、後続する可能性がある単語の組み合わせの個数を大きく減少させるものと考えることができます。

次の例を見てみましょう。

(61) 料理は母が作った。

(62) 作った母が料理は。

(61)では、主題の「料理」が文頭にありますから、この名詞が指す事物は、すでに状況に含まれていなければなりません。つまり、すでに料理が準備してあるとか、これから料理を作るなどの事態が発信者と受信者の間で話題になっているということです。

この時、「料理」が主体であれば、「おいしい」「まずい」などの形容詞が述語として予測されています。「料理」が対象であれば、述語としては「作る」や「準備する」のような動詞が使用されていることが、かなり高い確率で予測されます。「料理」が対象の時は、主体も必要となりますが、すでに料理に関する事態が話題になっているのですから、料理を作る主体も、状況を参照することにより、大きく限定することが可能です。

一方(62)では、述語の「作った」が文頭にあり、これは主題ではありませんから、特別の状況を参照する必要はありません。この述語によって表される事態基の主体になることができるのは、意志をもつすべての個体(人間や人間の集団)であり、対象となることができるものとしても、ほとんどすべての事物を想定することができます。つまり、述語「作った」が文頭にあって、事態の理解のために状況が参照されない場合には、事態基が一つに限定されるだけで、それ以外の要素については使用される可能性のある単語の組み合わせについて、あまり大きな限定は期待できないということです。

日本語で、事態基を与える述語群ではなく、主題群が文頭に置かれる規則になっているのは、こちらの方が後続する単語の組み合わせの可能性を限定する、つまり効率性を高くする規則が選択された結果だと言えるでしょう。

⑤名詞群の位置

主題群が述語群に先行する規則が決まっているとします。次に問題になるのは、主題群以外の名詞群の位置です。主題が文頭に置かれるのが効率性が最も高いのですから、通常の名詞群が主題群に後続するのは、効率性をより高くする規則だと言えます。

それでは、名詞群と述語群の順番はどのように考えたらよいのでしょうか。名詞が主語である事物を表しているとします。この場合、発信者の頭の中では、すでに言語として表現したい現象の部分が確定しているのですから、主語が決まることで述語も決まります。主語の前に述語が決まるということはありませんから、先に決定した主語が述語の前に置かれるのは当然です。

受信者の側では、もし主語の前に、意味役割が主語ではない主題がすでに置かれているとすれば、主題の事物と状況を参照することでも、述語の選択肢が大きく限定されるのですから、さらにもう一つ主語が与えられれば、述語はほぼ一つに決まるものと考えることができます。次の例を見てみましょう。

(63)　病院の受け付けで
　　甲：「水曜日に診察を受けたいのですが」
　　乙：「水曜日は山田先生が★」
(64)　甲：「流しに汚れた皿がたくさんあるよ」
　　乙：「皿は僕が★」

(63)の病院での会話では、「水曜日」という時点と、「診察」という事物が、乙が発言する時点での状況を作っています。乙の発話では、「水曜日」という時点が主題になっており、主語は「山田先生」という医師です。医師である山田先生が水曜日に行うことは、「診察する」という行為以外にはありませんから、★に入る述語は「診察する」だと予測することができます。

(64)では、状況中に「(台所の)流し」「皿」が含まれており、さらには「皿が汚れている」という事態も状況の要素だと見なすことができます。この状況で、乙が発言する事態の主題が「皿」だとすると、述語として想定されるのは、状況と同じ「汚れている」あるいは「使う」「洗う」「片付ける」などがあり、一つには限定されません。しかし次に「僕」という人間が主語として与えられます。ここで私たちには、「皿が汚れれば洗う」という常識があります。この常識を援用することにより、★に入る述語として「洗う」という動詞が選択されるものと予測できます。

これに対して、(63)で乙が「水曜日は診察します◆」のように、主題の直後に述語が来ていたとしても、状況から◆に「山田先生」という固有名詞が入ることは、甲が病院の事情によほど精通でもしていない限り不可能です。つまり、述語が主語の先に置かれても、主題と述語から主語を予測することは非常に困難だということです。(64)でも同様に、乙が「皿は洗う◆」のように、「洗う」という述語を主語の前に置いたとしても、主語を一つに限定することは、やはり非常に難しいと言えます。

このように、すでに文頭に主題が置かれている場合には、発信者の側でも受信者の側でも、主語である名詞群が述語群の前に置かれた方が、後続する可能性のある単語の組み合わせの数を大きく減少させることが分かります。言い換えれば、主題群の直後には、述語群ではなく主語の名詞群が置かれた方が効率性が高いということです。そして、日本語の構造規則は、まさにこの効率性をより高める順番を選んで使っているわけです。

次に、文頭に主題群がない場合を考えてみます。主題がないということは、使われる単語を予測するために状況を使えないということです。発信者の側では、すでに表現すべき現象の部分があるのですから、状況の有無は関係ありません。述語を決めるのが主語なのですから、主語が先に選択される以上、主語の名詞群が述語群よりも前に置かれることに自動的になります。

受信者の側では、最初に主語が何であるかが分かったとしても、そこから一般的な知識だけをもとにして、述語を大きく限定することは、特別の場合を除いては困難です。次の例を見てください。

(65) 太郎が★

(66) 地球が★

(67) テンションが★

(65)では「太郎」という人間を表す固有名詞が主語ですが、いきなりこう言われても、述語としては、人間を主語として選択できるあらゆるものが来ることが可能です。ですから、限定の度合いは非常に小さいと言えます。

(66)の主語は「地球」ですから、主語が人間の場合とは違って、「泣く」「喜ぶ」のような述語はまず選択されないだろうということは予測できます(ただし、地球という無生物を擬人化すれば、「地球が泣いている」「地球が喜ぶ」のような表現を作っても、十分受け入れられるはずです)。ですから、人名が主語の場合より、少しは述語の限定度は大きくなりますが、それでもまだ相当に幅広い選択肢があります。
(67)の主語は「テンション」ですが、この名詞は通常「テンションが上がる」または「テンションが下がる」という慣用句的表現で使われるのが普通です。ですから、このような特別の名詞に限っては、それが主語として使われている場合に、述語を非常に狭く限定することが可能です。しかし、このような性質をもつ名詞の数は限られていますから、何の状況も考慮に入れずに、主語だけで述語の選択肢を狭く限定することはできないと言えます。

これに対して、述語は事態基を表すのですから、主語をある程度は予測させることができる場合もあります。次の例を見てください。

(68) 降っている◆

(69) 咲いた◆

「降る」という動詞の主語は、通常ならば「雨」や「雪」ですから、この動詞を文頭に置くことで、主語は大きく限定されます。「咲く」という動詞であれば、主語は「花」あるいは「桜」「すみれ」など個別の花を表す名詞でなければなりません。やはり、主語を限定する度合いが高いわけです。

とは言え、述語が「ある」であれば、あらゆる事物が主語になることができますし、「見る」であれば、視覚をもった生物を表すすべての名詞が主語として選択される可能性があります。ですから、主題がない文については、主語が先行する場合よりも、述語が先行した方が、後続する可能性のある単語の組み合わせの数を減少させる度合いは大きいと言えるでしょう。しかし、その違いは、今説明したように、決定的なものだとは言えません。

ただ、発信者の側では主語が述語に先行する方が限定の程度は高いですし、受信者の側でも、主題がある場合には、やはり主語が先行する方が限定度は高くなります。したがって全体としては、主語を表す名詞群が述語群を選択する規則の方が、逆の規則よりも、言語としての効率性を高めるものだと考えることができます。

名詞群が主語でない場合も考えなければならないのですが、主題と主語が与えられていれば、それ以外の意味役割をもつ事物は、状況を手がかりに相当程度限定できることは間違いありません。主題がない場合でも、主語が与えられていれば、発信者の側では主語と目的語の関係で動詞が決定されるのですから、目的語が述語動詞に先行するのが当然です。受信者の側では、状況が参照できないため、主語以外の名詞が述語に先行すると、やはり述語が前にある場合よりは限定度が小さくなります。しかし、発信者と受信者の両方の側を考慮に入れるならば、全体としては主語以外の名詞群が述語群に先行する規則の方が、述語群が先行する規則よりも、後続する可能性のある単語の組み合わせを減少させる効果は大きいと言えます。

以上の説明でお分かりのように、「主題群＋名詞群＋…＋名詞群＋述語群」という日本語の基本的な構造規則、つまり語順の決まりは、脳が言語を処理するときに使うエネルギーの負担をできるだけ小さくする、つまり効率性を高くする効果をもつものです。このように、単語を並べる規則を選択する際にも、日本語はより高い効率性を実現するように工夫された言語なのだと言えるでしょう。

⑥形容詞の位置

名詞が表す事物の集合を、ある性質の観点から限定する働きをする品詞が「形容詞」です。第三章でも述べたように、日本語の形容詞としては、「大きい」「高い」「広い」のように、語尾が「い」で終わるものと、「静かだ」「立派だ」「きれいだ」のように、語尾が「だ」で終わるものの二種類があります。

形容詞は名詞が表す集合を限定するのですから、文中のどの形容詞がどの名詞と関係しているのかが正しく理解されるように、形容詞と名詞は隣接している必要があります。名詞と隣接している場合、形容詞の位置としては、名詞に先行する場合と後続する場合の二通りの選択肢がありうるのですが、次の例が示しているように、日本語の形容詞は名詞に先行するのが規則です。

⑺0　花子はかわいいネコを飼っている。
⑺1　太郎は静かな家に住んでいる。

もし形容詞が名詞に後続する規則が使われているのだとしたら、次のような文になるでしょう。

⑺2　花子はネコかわいいを飼っている。
⑺3　太郎は家静かだに住んでいる。

⑺0だけを見てみると、日本語の形容詞は述語としても働くことができますから、「花子はかわいい」までの段階で、受信者はここで文が終わったものと誤解する可能性があります。一方、形容詞が名詞に後続する⑺2では、「花子はネコ」までは文が終わらず、「花子はネコかわいい」の段階でも、「かわいい」が述語だと理解される可能性はありません。そうすると、途中の段階で誤解が生じる可能性がない分、形容詞が名詞に後続する構造規則の方が、理解の過程での効率性が高いようにも思えます。

ところが、⑺1では、「太郎は静かな」までの段階で、「静かな」が述語だと理解される可能性はありません。なぜならば、日本語の「だ」で終わる形容詞(形容動詞)は、名詞に先行するときには、語尾が「な」になるという性質があるからです。名詞に先行するときの特別な語形を、国文法では「連体形」と呼ぶのですが、述語の場合と連体形の場合で語形が異なるのであれば、形容詞が名詞に先行しても、それが述語だと誤解されることはありません。

古代の日本語では、現代日本語で「い」で終わる形容詞は、「かなし」「うつくし」のような語形をとっていました。しかし、これに対応する連体形は、「かなしき」「うつくしき」であり、名詞に先行するときには、述語の場合とは異なった語形が使われていました。ですから、古代の日本語ならば、形容詞が名詞に先行する語順でも、理解の過程での効率性が低下するということはなかったわけです。

また、形容詞が名詞に後続する規則だったとすると、「ネコかわいいが」「家静かだに」のように、名詞と格助詞が直接隣接するのではなく、間に形容詞が入ってしまうことになります。そうすると、名詞が表す事物が登場してから、その意味役割が理解されるまでに、形容詞が名詞に先行する場合よりも時間がかかります。意味役割の理解の方が、名詞が表す事物の性質の理解よりも、事態の理解過程では重要ですから、事物の意味役割が早く理解される構造規則の方が、理解の効率性は高いと考えることができます。

恐らくこのような理由で、日本語では形容詞が名詞に先行する語順が選択されているのではないかと考えられます。したがって形容詞と名詞の配列に関わる規則についても、効率性の原理がやはり反映しているものと思われるのです。

⑦関係節の位置

形容詞は一語で、名詞が表す事物の集合を限定します。しかし、事物の集合をさらに小さく限定する必要がある場合もあります。次の例を見てください。

(74) 昨日私の家に届いた荷物はテーブルの上に置いてある。

(75) 花子は太郎が作ったカレーを食べた。

(74)では、「昨日私の家に届いた」という表現が「荷物」の表す事物を限定しています。(75)では、「太郎が作ったカレー」という表現が、「カレー」の表す事物を限定しています。ですから、これらの表現は形容詞と同じ働きをしているのですが、形容詞とは違って複数の単語で構成されています。

このような表現が表す意味を、特別の単語を作ることにより、一語で表すことはできないわけではありません。しかしそうすると、次のような表現についても、また特別の単語を作らなければばならないことになります。

(76) 昨日私の家に届いた(荷物)
(77) 今私の家に届いた(荷物)
(78) 明日私の家に届く(荷物)
(79) 次郎が作った(カレー)
(80) 美子が作った(カレー)
(81) 義男が作った(カレー)

他にも同じような意味を表す表現が、ほとんど無限にあるだろうことは、誰にでも容易に分かります。これらの意味を表すために、いちいち特別の形容詞を作っていたのでは、それだけで形容詞の数が何万個、何十万個になってしまい、誰にも記憶することはできません。

このような理由で、形容詞とは違い、「昨日私の家に届いた」や「太郎が作った」のような、文に近い形で事物を限定する働きをする表現が使われるようになっており、これらの表現を「関係節」と呼びます。

関係節が文に近い形をしていることは、どんな言語にも共通ですが、関係節が「関係代名詞」

と呼ばれる単語を含んでいるかどうかについては、言語によって違いがあります。⑺と⑺を英語に置き換えると、次のようになります。

⑻ The package which got to my house yesterday is on the table.

⑻ Hanako ate the curry which Taro made.

これらの例では、which got to my house yesterday と which Taro made が関係節であり、関係節は名詞に後続していることが分かります。英語の関係節には、which という関係代名詞が含まれており、関係代名詞は the package や the curry と同一の事物を指し示しています。

関係代名詞は、関係節が限定する事物と同じ事物を指しているのですが、関係代名詞だけでは、それがどんな事物なのかを受信者が知ることはできません。関係節が名詞のすぐ後に置かれていれば、関係代名詞の指す事物がどれであるのかは、すぐ前にある名詞の表す事物を参照すればすぐに理解できます。

一方で、関係節が名詞に先行しているとすると、関係代名詞がどんな事物を表しているのかはすぐには理解されず、後に来る名詞が与えられてからやっと分かるということになります。だとすると、関係代名詞が表す事物が早く理解されるのは、関係節が名詞に後続する構造規則の方だというのは明らかです。つまり、関係代名詞を使う英語のような言語で、関係節が名詞に後続する規則が選択されているのは、それが理解の過程における効率性を高めるからだと考えることができます。

日本語には、英語のような関係代名詞がありません。関係代名詞がない言語の場合には、関係代名詞をもつ言語とは逆に、関係節が名詞に先行する方が理解の効率性が高いのではないかと考えられます。例えば、(75)のように関係節が限定する名詞(カレー)の意味役割が対象の場合、関係節が名詞に後続するのが規則だと仮定してみましょう。だとすると、同じ意味は、次のような形で表されることになります。

(84) 花子はカレー太郎が作ったを食べた。

二番目に出てくる「カレー」の意味役割は、「太郎が作った」という関係節が言われた後で、格助詞の「を」が出てくることでようやく分かります。「カレー」の意味役割は「対象」なのですが、これは、この文の述語である動詞「食べた」が表す動作の対象だということを意味しています。

一方で、関係節「太郎が作った」中にある「作った」という動詞の対象も「カレー」です。このことは、動詞「作った」が主体と対象の両方を必要とするのに、関係節中にあるのは「太郎」という主体だけであって、もう一つ必要な対象が表されていないという事実から理解されるのです。このように、関係代名詞を使わない言語で、関係節が名詞に後続する場合は、関係節が限定する名詞の指す事物の関係節中での意味役割を、間接的に理解しなければならないしくみになっているわけです。

これに対して、(75)のように、関係節が名詞に先行するという、現代日本語と同じ規則に従って作られている文では、まず、「カレー」の意味役割は、すぐ後に来る「を」によって「対象」だと理解されます。この点で、関係節が名詞に後続する場合より、名詞が表す事物の意味役割が早い段階で理解されると言えます。

「太郎が作ったカレー」という表現であれば、関係節の述語「作った」が言われた段階で、この動詞が必要とする目的語が足りないということがすぐに理解できます。そしてすぐ次の段階で「カレー」が与えられることで、この名詞が表す事物の、関係節中での意味役割が「対象」だということが分かるわけです。ただし、この点については、関係節が名詞の後に続く場合と、意味役割が理解される段階について変わりはありません。

ですから、関係節と名詞の位置関係については、「関係節＋名詞」という順番の方が、関係節が限定する名詞が表す事物の意味役割が早い段階で分かるという点で、理解の効率性が高いのだと考えることができます。関係代名詞のない日本語が、この並べ方の規則を選択しているのは、やはり他の場合と同じように、文が表す事態を理解する際の効率性という性質を重視しているからなのではないかと思われるわけです。

第五章

chapter 5

日本語の正体

個別言語の特徴を作るもの

日本語は、東アジアの辺境にある列島で、一億二千万程度の人々によって使われている一言語です。世界には七千もの言語があるわけですが、どの言語も、言語である以上は、意味としての事態を発信者から受信者へと伝達することを、基本的な働きとしています。言語が表す事態は共通のものであって、事態の構成要素としては、事物(の集合)、事態基、意味役割、全体性、成立時区間、成立可能性があります。事態を構成するこれらの要素を表示する単位が単語であり、単語を一列に並べることで、事態を表示する単位である文が作られます。

単語の意味とは、事態の構成要素としての事物の集合や事態基などであり、これらの意味に音列が結びつけられることによって作られるのが、単語という単位です。この音列の代わりに、視覚的に捉えられる媒体である文字も併用されるのが、現代では多くの言語で普通に見られる現象です。単語を並べて作られる単位が文ですから、文についても、その意味としての事態に結びつくのは、当然音列または文字列になります。

単語を並べて文を作り、文が事態を表すこと、事態には共通の特徴があること、文や単語は音列または文字列によって表現されること、というのがすべての言語が共通にもっている性質です。しかし、これ以外の側面では、言語はそれぞれ異なった特徴を示しています。

まずは、単語や文を表現するための音の種類があります。人間が発音することのできる音声は二百ほどもあるのですが、すべての音声を使っている言語はありません。一定の数の母音や子音を選択し、さらにいくつかの類似した音声をまとめて音素という単位を作ることにより、それぞれの言語は自分が使う音を定めています。

文字については、ローマ字や漢字など、すでにどこかの言語で用いられている文字の中から、言語の特性に応じて適当なものが選択されているのが普通です。英語や中国語の例を見れば分かるように、ローマ字と漢字という、違った種類の文字ではあっても、ただ一つの種類の文字が使われるのが原則です。

事態のしくみは言語に共通ですが、事態を構成する要素をどのような方法で表すのかについては、言語ごとに違っています。主体や対象のような意味役割を表す方法が、日本語と英語では異なっているというのも、事態の要素の表し方に相違が見られる一例です。

文を作っている単語が一列に並ぶのは、言語に共通の性質ですが、それらの単語を並べる規則(構造規則)は、やはり言語ごとに違っています。また、一列に並んでいる単語について、中国語のように語形が変わらない言語と、英語のように、単語の文法的働きに応じて語形が変わることがある言語、また日本語のように、後続する単語によって語形が変わることがある言語がありま す。

日本語の特徴

①音

それでは、日本語の個別的特徴を示すのがどんなものなのか、以下でまとめて見てみることにしましょう。

音については、母音が五個、子音が十三個ですから、世界の言語の中では、実際かなり少ない方です。同じように母音が五個の言語でも、スペイン語は子音が十七個、コーカサス地方のグルジア語は子音が二十八個も使われます。ですから、日本語で使われる音は、母音と子音の両方の面で少ないのだと言うことができます。

さらに、日本語で使われる音には、発音の難しいものは一つもありません。ただ、「ん」の音だけは、Nというあまり目にしない発音記号で表されることからも分かるように、どちらかと言えば珍しい音ではあります。しかし、この音を発音するのは、普通の人間であれば特に難しいものではありません。世界の言語には、「放出音」や「吸着音」のような、ここで詳しく説明することはできませんが、日本人でもアメリカ人でも、うまく発音できるようになるためには相当の訓練を積まなければならない、発音の難しい音を使うものもあります。このような音が全く使われないのですから、日本語の音は、数の面でも種類の面でも、相当に単純な性質をもっていると考えていいでしょう。

しかも、実際に発音される場合の単位である「音節」についても、日本語は「母音」または「子音＋母音」という、最も単純な構造をもつものが基本で、「ん」を使うときだけ、「(子音)＋母音＋子音」になります。音節のこのようなしくみは、世界の言語の中でも簡単な方であることは確かです。これが英語だと、strikes（「ストライク」の複数）のように、「子音＋子音＋子音＋母音＋子音＋子音」という、母音の前後にいくつもの子音が並んでいる、ずいぶんと複雑な構造をもつ音節も、それほど稀だというわけではありません。このように、音節の構造についても、日本語には単純性が認められます。

②文字

文字については、ローマ字やハングル、仮名のような表音文字か、漢字のような表意文字のいずれか一つを選んで音列の代用とするのが普通です。表音文字は、ローマ字が二十六文字、ひらがなが五十文字程度ですから、文字の種類はあまり多くありません。一方、漢字は、日本の常用漢字でも二千個くらいはありますし、漢和辞典に記載されている漢字となると数万個に上ります。

ですから、言語を書き表すのに記憶する必要のある文字数は、表音文字の方が表意文字よりもはるかに少ないことは明かです。事実、私たち日本人は、約千個の教育漢字を習得するのに、六年もの年月を必要とします。しかし、表音文字であるローマ字を使用する英語のような言語であったとしても、目に入る文字列を見て、それがどの単語を表しているのかを理解するために、一つ一つの文字を順番に見ていって、その文字の組み合わせから最終的にどの単語に対応しているのかを識別するというような過程で、単語の認定が行われているのではありません。

例えば、discrepancyという文字列を見て、これが「不一致」を意味する単語を表すことを理解するのに、dの次にiがあって、その次にsがあって、それからcが来る…というような方法で文字をいちいち確認していくということは行われていないはずです。文字列の全体が与える視覚的なイメージを認知することにより、この単語を認定しているものと考えられます。しかも、英語のように一つの文字が一つの音素に規則的に対応しておらず、night（夜）のghのように発音されない文字列もあるような言語であればなおさらです。

私たちが一つの漢字を理解する場合でも、例えば「魔」という漢字であれば、部首の「まだれ」があって、その中に「林」があって、その下に「鬼」がある、というような具合で、漢字を構成する部首などの要素を一つ一つ確認して、最終的に漢字の同定を行っているわけではありません。やはり、全体としての視覚的イメージを認識することで、どの漢字なのかを認定しているのだと考えるべきところです。

このことから、文字によって表された単語の理解という側面については、表意文字を使う言語の方が、表音文字を使う言語に比べて、複雑で効率性が悪いということはないと思われます。しかも、表意文字は一つの文字が複数の音(普通は一つの音節)に対応していますから、文字を書き表すときに必要なスペースが少なくてすみます。

日本語は、表意文字である漢字と、表音文字である仮名、そして時に、表音文字であるローマ字を併用して表記するという、一見複雑な文字の使い方をしています。しかし、第二章でも説明したように、単語の種類によって文字をうまく使い分けており、この使い分けのおかげで、文章中で内容的に重要な単語と、文法的な働きを表す単語を視覚的に容易に区別することができるようになっています。

③単語

日本語の単語が示す特徴としては、動詞や形容詞が、後に続く単語に応じて語形を変える、つまり活用するという性質があげられます。日本語のような膠着語については、動詞や形容詞の後に、時区間、全体性、可能性を表す単語が続きますし、さらには受け身や使役についても、日本語では動詞の後に助動詞を続けることで表されます。

さらには、「走る車」「美しい花」「静かな町」のような表現が作れることからも分かるように、日本語の動詞や形容詞は、名詞のすぐ前に置かれて名詞の表す集合を限定する(つまり、名詞を修飾する）働きをすることができます。また、動詞や形容詞の後に、接続助詞の「ば」を続けて、「走れば」「美しければ」「静かならば」のような表現で、仮定の意味を表します。

このように日本語では、動詞や形容詞の後に、助動詞、助詞、名詞などさまざまな種類の働きをする単語が続くことができます。だとすると、動詞や形容詞の語形が変化して、後にどのような種類の単語が続くのかが、前もってある程度予測できた方が、そうでない場合よりも便利です。第二章でもこの点には触れましたが、恐らくこのような理由で、日本語の動詞や形容詞に活用するという性質があるのではないかと思います。

日本語では名詞の後にも、格助詞や副助詞が続きますから、同じ理由で名詞も活用した方が便利なような気もします。確かにそうなのですが、名詞の後に来る助詞は一つか二つに限られますし、助詞の働きもさまざまですから、働きを分類して一定数の活用形を設定するのは、かなり難しいと言えます。このような理由で、日本語の名詞が活用するようなしくみが作られなかったのではないかと考えられます。

もう一つの日本語の特徴は、「助詞」と呼ばれる品詞に属する単語に、さまざまな働きがあることです。格助詞は主体や対象など、事態に含まれる事物の意味役割を表します。副助詞は、一つの文が複数の事態の集合体であることを表します。これに加えて、「ば」「と」「から」「ので」「のに」「けれども」などの接続助詞、「ね」「よ」「ぞ」「の」などの終助詞があります。接続助詞は、連続する二つの文が表す事態が、因果関係や対比など、何らかの関連性をもつことを表します。終助詞は、文が表す事態を受信者がすでに知っているかどうかのような、発信者の事態に対する判断を表します。事物の意味役割だけでなく、複数の事態の表示、事態の間にある関係の性質、発信者の事態に対する判断のような多様な特性を、非常に短い音列で表すことを可能にするのが、日本語の助詞なのです。

④文法

a 述語

述語は、事態の枠組みとしての事態基を表す重要な単語です。日本語では、動詞だけでなく、名詞と形容詞も述語になることができます。英語をはじめとするヨーロッパの諸言語では、述語群の意味的な中核が名詞や形容詞であっても、述語群には必ず動詞が含まれていなければなりません。その理由は、名詞や形容詞だけでは、事態の成立時区間、全体性、成立可能性などを表すことができないからです。事態のこのような性質を表すことができるのは、ヨーロッパ諸語では動詞だけです。

日本語の場合、動詞だけでなく、名詞や形容詞にも、事態の特性を表す働きをする助動詞のような単語が後続することができますから、述語群に動詞が含まれている必要はありません。どんな言語であっても、事態基を表すのは動詞、名詞、形容詞という内容語です。そして、事態基を表す単語を「述語」と呼ぶのであれば、動詞だけでなく名詞や形容詞という内容語も単独で述語になることができていいはずです。この道理が正しく実現されているのが日本語だと言えます。

b　事物の定性と複数性

事態基と並んで事態の中核をなす要素が事物です。事物については、それがどのような集合または個体を表示するかということ以外に、表示される個体の数(単複)、個体や集合の定性などの性質があります。事物を表す品詞は名詞ですが、日本語には名詞の複数形もありませんし、事物の定性を表すための冠詞のような単語もありません。事物の数や定性を、特別の単語を用いて表した方が、何も使わないよりは、受信者がこれらの性質を正しく理解するためには有利であることは確かです。

となると、複数形や冠詞のない日本語では、事物の性質を表す方法がきちんと整備されていないようにも思えます。しかし、日本語には副助詞の「は」があって、この助詞が後続する名詞は、文が使われる状況中に登場している事物の集合と同じものを表します。「は」が表すこの事物(=主題)の特性は、定冠詞が表す事物の「定」である性質とは少し違いますが、状況を参照することにより、名詞がどの事物を指すのかが特定されるという点では、主題である事物と定冠詞が付いた事物には共通性がありますから、「は」が用いられるからには、定冠詞がある必要は必ずしもないと考えることができます。

また、日本語には「この」「その」「あの」のような「指示詞」と呼ばれる単語があり、指示詞が名詞に先行していれば、この名詞が表す事物は「定」だと理解されます。ですから、冠詞以外にも範囲を広げれば、事物の定性を表すための表現が日本語で使われないということはないわけです。

不定冠詞については、英語でも、複数形の名詞や不可算名詞(物質名詞や抽象名詞)には用いられません。このような場合には、定冠詞が付いていないことで、事物が「不定」だということが表されるわけです。ですから、日本語でも、「は」を伴わない名詞であれば、それが不定である事物を表しているものと考えればいいことになります。

事物の複数性については、さすがに日本語でこれを表すための、複数形の代用をするような方法はありません。「山々」「人々」「木々」のように、名詞を繰り返すことで複数性を表すことはありますが、この方法が使えるのはほんの一部の名詞だけです。また、「子供たち」「盗賊ども」の「たち」や「ども」のように、人間については、複数性を表すための単語がないわけではありません。しかし、数えられる個体を表すことのできる名詞であれば、どんなものにも使うことができる複数表現は、日本語にはないと言えます。

複数形がないと、確かに事物の複数性をいつでもはっきりと表すことはできません。しかし、第二章でも述べたように、文が使われている状況と、言語の使い手が一般にもっている知識を参照することで、事物が単数なのか複数なのかは、かなりの程度正しく推測することができます。このような理由で、中国語や朝鮮・韓国語などと同様に、日本語でもわざわざ事物の複数性を表す特別の表現が用いられないのだろうと思われます。

c　関係代名詞

名詞が表す事物の集合を限定、つまり名詞を修飾する、文に近い表現が関係節です。関係節中で、修飾される名詞と同じ事物を表す関係代名詞を使う言語と使わない言語があります。関係代名詞を使う言語の場合は、関係代名詞が表す事物が何であるのかが、この単語が使われた段階ですぐに分かるように、関係節が名詞に後続するのが原則です。名詞の直後に関係代名詞が使われれば、そこから関係節が始まるということがすぐに分かります。

一方、日本語のように関係代名詞を使わない言語の場合は、関係節が名詞に先行するのが普通です。その理由は、第四章で説明した通りですが、関係節が名詞に後続すると、受信者の側で、名詞が表す事物の意味役割を理解するのが、名詞に先行する場合よりも遅れるという性質が関わっているものと考えられます。

名詞に隣接して文が使われていれば、それが関係節だと理解すればよいのですから、関係代名詞を使わなければ意味の理解が妨げられるということではありません。しかも日本語では、「泣く女」「高い山」のように、述語になることができる品詞である動詞や形容詞が名詞を修飾する場合には、名詞に先行するという語順の規則がありますし、「立派な邸宅」のように、形容詞によっては、名詞に先行する場合に特別の語形をとるものもあります。日本語の文では述語が最後に来ますから、「花子が買ったケーキ」のように、関係節も述語で終わります。だとすると、述語になることができる単語が文中に登場したとしても、それが関係節の述語であって、名詞が後続することがあることを、受信者は常に頭に入れて文を理解しようとしています。

さらには、今あげた「花子が買った」という関係節では、「買う」の対象(目的語)に当たる事物を表す名詞が現れていません。このことは「買った」という述語が使われた段階で、受信者には分かります。つまり、「花子が買った」という表現は、「買う」という事態基が要求する事物がきちんと含まれている事態を表してはいない、不完全な文です。このことから、この表現は関係節だと理解されなければならないことになります。

このように、関係代名詞がなくても、関係節の認定に支障が出る可能性は低いのであり、関係代名詞がない方が、使う単語の節約にもなります。ですから、日本語で関係代名詞が使われないのは、言語としての大きな欠陥などでは決してないのだと言えます。

⑤語順

語順を決める規則が「構造規則」です。日本語の構造規則については、第四章で詳しく説明しました。日本語は膠着語であって、主体や対象などの意味役割を表すため特別の単語(格助詞)があり、事態が成立する時区間、全体性、成立可能性なども、それぞれの機能に応じて特別の単語(助動詞など)が使われます。

このような性質をもつ言語の構造規則としては、格助詞が名詞に後続し、助動詞が動詞に後続し、述語群は文の最後に置かれるようになっているものが、最も一般的です。朝鮮・韓国語、トルコ語、モンゴル語など、日本語と同じ膠着語であって、同じような構造規則を示す言語はたくさんあります。

膠着語としての特徴をもつ言語は、世界でも多数派に属していますから、日本語がもつ構造規則は、世界の言語の中でも、かなりの程度の一般性を示すものだと考えることができます。

日本語の特徴としての効率性

これまであげてきた日本語の特徴は、全体として日本語が「効率的な」言語だということを実証しています。日本語の語順を決める構造規則が、発信者が文を作り、受信者が文の意味を理解する過程での効率性をできるだけ高くするように設定されていることは、第四章で説明した通りです。

言語を処理する器官は脳であり、脳は言語処理以外にも、人間の身体を維持し、その機能を正常に発揮させるために、絶えず大きな負担を強いられています。ですから、文を作り、文を理解する過程としての言語処理が、できるだけ小さな負担ですませられるようになっていれば、それは人間の脳にとって望ましいことだと言えます。また、脳で実行される処理がすべて物理的な作用に還元されるのだとすれば、物理現象はエネルギーの消費が最小になるように生じると考えられますから、言語処理過程での効率性は、物理現象一般を支配する原理の反映だと見なすこともできます。

①音の効率性

音の側面では、世界の言語の中でもかなり少ないと言える数の音素で、単語や文の意味を表す音列を作っているのが日本語です。しかも、日本語で使われる音素は、どれも発音の簡単な音声に対応するものです。発音が簡単だということは、発音する際に音声器官にかかる負担が少ないということですから、最終的に発音の際に必要なエネルギーも少なくなると言えます。

使われる音素の数が少ないと、同じ数の単語を区別するためには、音素の数が多い場合よりも、音列は長くなります。つまり、単語の音列を作る音の数が多くなるということです。しかし、個々の音素を発音する際のエネルギーは小さくてすむのですから、少しぐらい音の数が多くなっても、エネルギーの負担はそれほど増大しないものと考えられます。

しかも、日本語の音節の構造は、「子音＋母音」が基本ですから、発音する際だけでなく、音節を聞き取る場合も、「子音＋子音＋母音＋子音＋子音」のような音節構造を許す言語に比べると、はるかに楽に正しく聞き取ることが可能です。

したがって、日本語の音のしくみは、発音と聞き取りの両方の面を総合的に勘案すると、発声と聴取にかかる負担をできるだけ少なくするという、効率性の原理を反映するように設定されているものと考えることができそうです。

②文字表記の効率性

文字表記については、表意文字の漢字と、表音文字の仮名、そしてローマ字を併用するという複雑なしくみをもっていることは、最低限記憶すべき漢字の数が二千個にもなるだけに、文字の習得に相当の負担を強いることになります。しかし、漢字を覚えることは、一つの単語の表記法を覚えることに相当します。表音文字を使う言語の場合には、単語の表記(要するに「綴り」)に使われるのは複数の文字なのですから、複数の文字から成る文字列を覚えてやっと、一つの単語の表記を習得したことになります。単語の綴りを覚えることと、漢字の字形を覚えることの間に、それほど大きな負担の差はなさそうですから、漢字を使うことが、表記法を覚える際の効率性を減少させるということにはならないと思われます。

また、漢字が内容語を、ひらがなが機能語を、カタカナが、内容語の中でも外来語を表すという日本語の表記システムは、書かれた文章を理解する上では、重要な要素が視覚的に強調されますから、理解の効率性を向上させるために役立っていると言えます。

③単語の効率性

述語、特に動詞の後に、文法的な働きをする単語である助詞や助動詞をいくつも後続させる規則をもち、膠着語としての特徴を顕著に示すのが日本語です。日本語では述語は文の最後に置かれるのが原則ですから、述語になることができる動詞や形容詞が、後に続く単語に応じて語形変化、つまり活用をすることにより、文がその述語だけで終わるのか、それともまだ後に他の単語が続くのか、続くとしたらどんな種類の単語なのかが容易に理解できるようになっています。

したがって、動詞や形容詞の活用というしくみは、一列に並んだ単語の意味を次々に取り入れて事態を構築していくという、文の意味を理解する過程において、終わらない文が終わっているという誤った理解を回避させ、次に来る単語を予測させることで、事態の範囲をできるだけ限定させるという効果をもちます。このような効果は、理解の過程での効率性を高める働きをするものと見なすことが可能です。

格助詞以外に、副助詞、接続助詞、終助詞という、一音節か二音節が原則の短い音列が対応する単語を用いて、複数の事態、事態間の関係、事態に対する発信者の判断のような、かなり複雑な性質をもつ内容を表すことができるのも、日本語の一つの特徴です。これらの助詞を使わずに、同じ内容を表したいとします。そうすると、例えば、「太郎も学生だ」であれば、「太郎は学生だ。そして話題になっている他の人間も学生だ」のように言わなければなりません。「今日はいい天気ですね」であれば、「今日はいい天気です。そして今日がいい天気だということを、あなたも知っています」のように、長い複文を付け加えなければ、同じ内容を表すことにはなりません。

助詞を使うことで、同じ複雑な内容をはるかに短く表現することができるのですから、多様な働きをもつ助詞をもっているという日本語の特徴は、表現上の効率性を高める効果をもたらすものだと考えることができます。

④文法の効率性

文法の面でも、日本語には効率性が認められます。動詞だけでなく、名詞や形容詞が述語として働くことができるという性質は、膠着語としての日本語の特性に由来するものです。内容語が、助動詞などを直接後続させて述語になることができるという性質は、「述語」という単位が、文法的にも意味的にも独立したものになることを保証します。述語は、事態基を表す非常に重要な要素ですから、これが文の構造上でも独立した単位として働くことは、構造規則を簡潔にする効果をもつものであり、文を作る過程と理解する過程の両方での効率性を高めるものです。またもちろん、述語群に動詞を含める必要がないのですから、文を作るのに用いる単語の数を少なくする効果もあります。

日本語で述語が文の最後に来る規則が、文の意味を理解する過程での効率性を最大にする効果をもつことは、第四章で述べた通りです。述語が文の最後に置かれることで、日本語では関係節を名詞の前に置いても、理解の上での誤解が生じなくてすむようになっています。「花子が作るケーキはおいしい」という日本語の文を、語順はそのままで英語に置き換えてみると、次のようになります。

(1) Hanako makes cakes are good.

この架空の英文では、最初の部分に Hanako makes cakes という単語の連続が来ていますから、これだけだと「花子はケーキを作る」という意味を表すことになってしまい、Hanako makes の部分が関係節だと正しく認定されない危険性があります。

英語には、動詞が主語の次に来て、その次に目的語が来るという構造規則があります。このため(1)のような表現では、makes の次に置かれている cakes が、関係節ではなく、関係節を含む上位の文(主文)での目的語だと理解されてしまうのです。この理解は、cakes の次に are があることによって修正されるのですが、このように一旦理解した内容を、次の段階で修正するという過程が、そうではない場合よりも、脳に負担をかけることは間違いありません。つまり、理解の過程での効率性を低めてしまうのです。

これに対して日本語では、「作る」の目的語が「ケーキ」であって、これが主文の目的語ならば、「花子がケーキを作る」のように、動詞の前に名詞「ケーキ」が来ていなければなりません。しかし実際には、動詞の後に置かれているのですから、これが主文の目的語ではないのだということが、「花子が作るケーキ」の部分を聞いただけで正しく理解されます。

主文であれ、関係節であれ、述語が文の最後に置かれるという、効率性を最大にする規則があることにより、日本語では関係節が名詞に先行することが可能になります。関係節が名詞に先行していれば、関係代名詞がなくても、文中のどの部分が関係節なのかは正しく認定することができます。もちろん、第四章でも説明したように、関係節が名詞に後続する規則であっても、関係節を認定する過程で誤解が生じることはありません。

しかし、修飾される名詞が表す事物の意味役割が、早い段階で理解されるということから、関係節が名詞に先行する規則の方が、理解の効率性は高くなるのでした。そして、関係節が名詞に先行する規則が選択されていることによって、関係代名詞を必要としなくなっているのです。関係代名詞を使わないことで、関係節を作るのに必要な単語が一つ減るのですから、この点では、表現上の効率性が高まっているものと見なすことができます。

名詞が表す事物の定性や複数性については、日本語には主題があることから、状況を適切に参照することにより、事物が「定」であることに近い性質を表すことができます。また、不定であることは、主題ではないこと、「その」などの指示詞が先行していないことなどの条件を満たすことで、受信者にも容易に理解できます。また、「ある人」「さる場所」のような表現中で使われている「ある」「さる」などの単語(国文法では連体詞に分類されます)を使えば、事物が不定であることを明示できます。

このように日本語は、名詞が表す事物の定性については、主題に代表されるように、状況を適宜参照することで理解できることから、冠詞の使用を選択していません。確かに、冠詞があれば、状況を参照しなくても事物の定性が理解できますから、理解の過程ではこちらの方が効率性が高いと言えます。しかし一方で、日本語のように冠詞を使わずに、状況を参照することで事物の定性を理解する方法であれば、いちいち適切な冠詞を選択する必要はありませんし、何より使う単語の数が減るのですから、表現の面ではこちらの方が効率性が高くなります。したがって、事物の定性の表示については、冠詞を使わないからといって、日本語が示す効率性が低くなるということはありません。

⑤語順の効率性

日本語の語順、つまり構造規則については、第四章で詳しく説明した通りです。名詞群が「名詞＋助詞」、動詞群が「動詞＋助動詞」という構造をもち、文が「主題群＋名詞群＋…＋名詞群＋述語群」という構造をもつこと、形容詞や関係節が名詞に先行することは、いずれについても、発信者が文を作り出し、受信者が文の意味を理解する過程において、事態の内容を、できるだけ早い段階で、大きく限定することを可能にする規則が選択された結果だと考えることができます。発信者が文を作り出す過程は、発信者が頭の中で、自分が経験した現象に基づいて事態を構築する過程であり、受信者の側とは異なりますが、やはり事態の構成要素を自ら理解する過程として捉え直すことができます。したがって、日本語の語順は、人間が全体として事態を理解する過程における高い効率性を実現するものだと言うことができます。

そして日本語の正体

日本語とは、結局のところ、音、文字、単語、文法、語順というすべての側面について、「効率的な」言語なのだと考えることができるでしょう。言語が人間の脳で処理され、脳内の活動がすべて物理的な運動に還元されるのだとすると、運動が最大のエネルギー的効率性を達成するように実現されるのだから、言語処理についても、文の産出と理解の過程で、効率性が最大になるような機構になっているものと推測されます。

とは言っても、人間の脳の中で言語がどのように処理されているのかということについては、脳の特定の部分が言語処理に関わっていることが、実験の結果確認されている程度で、肝心の処理過程の詳細はほとんど分かっていないのが実情です。したがって、言語処理の過程が本当に最大の効率性を達成するようになっているのかは、あくまでも筆者の推測に過ぎません。

その意味で、あらゆる側面で現実に効率性を実現している日本語は、人間の言語がもつ本質を追究する上での、一つの重要なモデルとなりうるものではないかと思います。つまり、日本語が示す特徴を出発点にして、世界の言語が示す固有の特徴を決定する原理を解明することが期待できるわけです。

「言語処理過程における最大の効率性を実現するように言語の諸規則は決定される」という基本原理の存在が、日本語を分析することによって推測されました。この原理が果たして正しいのかどうかを実証していくこと、これが言語の本質を解明するために我々が選択することのできる一つの道筋となります。

日本語の正体、それは人間の言語がもつはずの本質を解明する手がかりを与える、他のすべての言語が自らの正体を知るための鏡であると同時に鑑でもあるものです。

参考文献

飯田隆（一九八七―二〇〇二）『言語哲学大全Ⅰ～Ⅳ』勁草書房
イェルムスレウ、ルイ（一九八五）『言語理論の確立をめぐって』（竹内孝次訳）岩波書店
ウィトゲンシュタイン、ルートヴィヒ（二〇〇三）『論理哲学論考』（野矢茂樹訳）岩波書店
國廣哲彌（一九六七）『構造的意味論：日英両語対照研究』三省堂
國廣哲彌（一九八二）『意味論の方法』大修館書店
クレスウェル、M・J（一九七八）『言語と論理』（石本新・池谷彰訳）紀伊国屋書店
コムリー、バーナード（一九八八）『アスペクト』（山田小枝訳）むぎ書房
コムリー、バーナード（一九九二）『言語理論と言語普遍性』（松本克己、山本秀樹訳）ひつじ書房
柴谷方良（一九七八）『日本語の分析：生成文法の方法』大修館書店
白井賢一郎（一九八五）『形式意味論入門』産業図書
ソシュール、フェルディナン・ド（一九七二）『一般言語学講義』（小林英夫訳）岩波書店
ダウティー、デイヴィド、R（一九八七）『モンタギュー意味論入門』（井口省吾他訳）三修社
田窪行則他（一九九八）『生成文法』（岩波講座「言語の科学」）岩波書店
チョムスキー、ノーム（一九六三）『文法の構造』（勇康雄訳）研究社出版
チョムスキー、ノーム（一九七〇）『文法理論の諸相』（安井稔訳）研究社出版
チョムスキー、ノーム（一九八六）『統率束縛理論』（安井稔、原口庄輔訳）研究社出版
チョムスキー、ノーム（一九九八）『ミニマリスト・プログラム』（外池滋生、大石正幸監訳）翔泳社
角田太作（一九九一）『世界の言語と日本語：言語類型論から見た日本語』くろしお出版
テニエール、ルシアン（二〇〇七）『構造統語論要説』（小泉保監訳）研究社
トゥルベツコイ、ニコライ・セルゲイヴィチ（一九八〇）『音韻論の原理』（長嶋善郎訳）岩波書店

野本和幸（一九八八）『現代の論理的意味論』岩波書店
野本和幸（一九九七）『意味と世界：言語哲学論考』法政大学出版局
野矢茂樹（一九九四）『論理学』東京大学出版会
服部四郎（一九七九）『音韻論と正書法：新日本式つづり方の提唱』大修館書店
バディル、セミール（二〇〇七）『イェルムスレウ』（町田健訳）大修館書店
バンヴェニスト、エミール（一九八三）『一般言語学の諸問題』（岸本通夫監訳、河村正夫他共訳）みすず書房
ブルームフィールド、レナード（一九六二）『言語』（三宅鴻、日野資純訳）大修館書店
益岡隆志、田窪行則（一九九二）『基礎日本語文法　改訂版』くろしお出版
松本祐治他（一九九七）『言語の科学入門』（岩波講座「言語の科学」）岩波書店
マルティネ・アンドレ（一九七二）『一般言語学要理』（三宅徳嘉訳）岩波書店
町田健（二〇〇〇）『日本語のしくみがわかる本』研究社出版
町田健（二〇〇一）『言語学のしくみ』研究社
町田健（二〇〇二）『まちがいだらけの日本語文法』講談社
町田健（二〇〇四）『ソシュールと言語学：コトバはなぜ通じるのか』講談社
町田健（二〇〇六）『チョムスキー入門：生成文法の謎を解く』光文社
丸山圭三郎（一九八一）『ソシュールの思想』岩波書店
宮岡伯人（二〇〇二）『「語」とは何か：エスキモー語から日本語を見る』三省堂
峰岸真琴編（二〇〇六）『言語基礎論の構築に向けて』東京外国語大学アジア・アフリカ研究所
山田小枝（一九八四）『アスペクト論』三修社
山田小枝（一九九〇）『モダリティ』同学社
Hawkins, John A. 1994. *A performance theory of order and constituency*. Cambridge University Press / Cambridge; New York
Montague, Richard. 1974. *Formal Philosophy*. Yale University Press / New Haven.
Partee, Barbara. Hall. 1976. *Montague Grammar*. Academic Press / New York.

索　引

日本語《にほんご》の正体《しょうたい》

2008年10月1日初版発行

●著　者●

町田　健

●発行者●

関戸　雅男

●発行所●

株式会社　研究社

〒102–8152　東京都千代田区富士見 2–11–3

電話　営業 03–3288–7777（代）　　編集 03–3288–7711（代）

振替 00150–9–26710

http://www.kenkyusha.co.jp/

KENKYUSHA

< 検印省略 >

●印刷所●

研究社印刷株式会社

●表紙デザイン●

寺澤　彰二

●本文イラスト●

吉野　浩司

●本文レイアウト●

mute beat

ISBN978–4–327–38451–7 C0081　Printed in Japan